CARTAS LATINAS
C.S. Lewis
com São João Calábria

C. S. LEWIS
COM SÃO JOÃO CALÁBRIA

CARTAS LATINAS
Edição bilíngue • Prefácio de Maria Beltrão

Organização: Martin Moynihan
Tradução do latim: Artur Padovan

São Paulo
2020

Título original
The Latin Letters of C.S. Lewis

Latin Letters of CS Lewis and Don Giovanni
Calabria © C. S. Lewis Pte Ltd. 1988.
Published by Quadrante Editora under license
from The CS Lewis Company Ltd.

Capa
José Luis Bomfim

Dados Internacionais de Catalogação na Publicação (CIP)
(Câmara Brasileira do Livro, SP, Brasil)

Lewis, S.C.

Cartas latinas / C.S. Lewis, com São João Calábria; organização Martin Moynihan; tradução de Artur Padovan; prefácio de Maria Beltrão. – 1ª ed. – São Paulo : Quadrante Editora, 2020.

Título original: The latin letters of C.S. Lewis
ISBN: 978-85-54991-44-9

1. Correspondência 2. Cristianismo 3. Anglicanismo - Inglaterra - Correspondência 4. Calabria, Giovanni, Saint, 1873-1954 - Correspondência 5. Igreja Católica - Itália - Clero - Biografia 6. Lewis, C.S. (Clive Staples), 1898--1963 - Correspondência 7. Língua latina I. Calábria, João, 1873-1954. II. Moynihan, Martin. III. Beltrão, Maria. I. Título

20-41336   CDD 876

Índice para catálogo sistemático:
1. Cartas latinas 876

Maria Alice Ferreira - Bibliotecária - CRB-8/7964

Todos os direitos reservados a
QUADRANTE EDITORA
Rua Bernardo da Veiga, 47 - Tel.: 3873-2270
CEP 01252-020 - São Paulo - SP
www.quadrante.com.br / atendimento@quadrante.com.br

Sumário

Prefácio 5

Nota do editor 11

CARTAS LATINAS ENTRE C. S. LEWIS
E PE. JOÃO CALÁBRIA (1947-1954)

1. Verona - 1º de setembro de 1947 15

2. Oxford - 6 de setembro de 1947 23

3. Oxford - 20 de setembro de 1947 27

4. Oxford - 3 de outubro de 1947 31

5. Oxford - 25 de novembro de 1947 33

6. Oxford - 13 de janeiro de 1948 43

7. Oxford - 27 de março de 1948 47

8. Oxford - 10 de agosto do ano da salvação de 1948 53

9. Oxford - 14 de janeiro de 1949 57

10. Verona - 17 de abril de 1949 61

11. Oxford - 10 de setembro de 1949 65

12. Verona - 18 de setembro de 1949 69

13. Oxford - 19 de novembro de 1949 73

14. Verona - 17 de dezembro de 1949 77

15. Oxford - 13 de setembro de 1951 81

16. Oxford - 26 de dezembro de 1951 85

17. Oxford - 14 de abril de 1952 89

18. Oxford - 14 de julho de 1952 93

19. Oxford - 5 de janeiro de 1953 95
20. Oxford - 7 de janeiro de 1953 99
21. Verona - 9 de janeiro de 1953 [?] 103
22. Oxford - 14 de janeiro (junho?) de 1953 105
23. Oxford - 17 de março de 1953 109
24. Oxford - 10 de agosto de 1953 113
25. Verona - 3 de setembro de 1953 117
26. Oxford - 15 de setembro de 1953 123
27. Oxford - 5 de dezembro de 1954 129

CARTAS LATINAS ENTRE C. S. LEWIS
E PE. LUIGI PEDROLLO (1954-1961)

28. Oxford - 16 de dezembro de 1954 135
29. Cambridge - 19 de janeiro de 1959 137
30. Cambridge - 28 de março de 1959 141
31. Cambridge - 15 de dezembro de 1959 143
32. Cambridge - Páscoa de 1960 147
33. Cambridge - 3 de janeiro de 1961 149
34. Cambridge - 8 de abril de 1961 153

Agradecimentos do organizador 155

Prefácio

Se é bom juntar o útil ao agradável, melhor ainda é unir o belo ao venerável.

Admiradora da obra de C. S. Lewis, fiquei fascinada quando li há alguns anos que o escritor, um dos pensadores cristãos mais admirados do século XX, havia se convertido depois de uma conversa com J. R. R. Tolkien, o autor de *O senhor dos anéis*.

O encontro se deu numa noite em que uma súbita ventania pareceu, nas palavras de Lewis, sugerir a presença de Deus.

Essa história me levou a outras que ajudaram a explicar a admirável trajetória literária do autor das *Crônicas de Nárnia* e de *Cristianismo puro e simples*, mas apenas no mês passado fui apresentada a um dos capítulos mais intrigantes desta biografia.

Foi o poeta Hugo Langone, numa mensagem de texto que antecedeu o convite para a produção deste prefácio, que lançou a isca: «Talvez você não saiba que C. S. Lewis trocou cartas com um santo». E continuou: «Com São

João Calábria. E eles trocaram correspondências em... latim».

«Só sei que nada sei», foi o que pensei, já fisgada com a perspectiva de conhecer o conteúdo da correspondência que se iniciou em 1947 e só se encerrou em 1954, quando o sacerdote morreu, aos 81 anos. Quase instantaneamente, um mar de interrogações inundou minha cabeça:

«Quem será que escreveu primeiro? O futuro santo católico ou o escritor protestante? Por que o italiano e o irlandês adotaram o latim nessa comunicação? Será que o intercâmbio foi meramente intelectual, ou nasceu ali uma amizade que resultou na troca de confidências e – por que não? – inconfidências?».

A vida dos santos e as histórias de conversão foram sempre para mim uma grande fonte de inspiração, e por isso foi com grande entusiasmo que mergulhei neste projeto.

Durante a imersão, o choque foi descobrir que C. S. Lewis não só não as havia guardado, como também tinha queimado as cartas do padre. O escritor procedeu assim não por desprezo, mas por respeito. Sua intenção era proteger a privacidade de Dom Calábria. Para Lewis, o que fora confidenciado era digno de «um silêncio sagrado».

Mesmo com a lacuna para a posteridade que o fogo deixou – e aliviada ao saber que em Verona foram encontradas algumas cópias das cartas enviadas pelo sacerdote –, não só consegui saciar minha curiosidade, mas entendi a chave para a afinidade, transformada em amizade, que essa troca – e o trocar é a base para qualquer relação – semeou. Os dois eram afeitos ao diálogo e à caridade e tinham também em comum a defesa da unidade dos cristãos, assunto predominante nessa valiosa correspondência.

O entendimento entre os homens, tão necessário naquele período pós-guerra, é a grande lição para esses tempos marcados pela polarização e o conflito, em que há um mundo de opiniões e carência de reflexão. Para ontem, hoje e sempre, o caminho está no que nos une, e não na divisão.

Em homenagem à língua escolhida pelos notáveis missivistas, recorro à popular expressão latina: *Carpe diem*! Desfrute deste presente, meu caro leitor. A hora é esta.

Maria Beltrão

Nota do editor

Fim da década de 1940. Recém-publicadas na Itália, as célebres *Cartas de um diabo a seu aprendiz* de C. S. Lewis caem nas mãos de um piedoso sacerdote chamado João Calábria – ou, para nós, *São João Calábria*. A ocasião parece inusitada: um futuro santo lê o maior autor protestante do século XX, alguém que, anos depois, ultrapassaria o nicho exclusivamente religioso e se tornaria ícone também da cultura popular. Não se conhecem propriamente as reflexões a que o livro o conduzira, mas de tal modo a obra impressionou Pe. Calábria que o fez iniciar uma fecunda correspondência com C. S. Lewis – correspondência esta que, por incompatibilidade linguística, levou os interlocutores a adotarem um idioma comum: o latim. Motivava o santo veronês, em primeiro lugar, uma salutar «obsessão»: o trabalho em prol do diálogo e da unidade entre os cristãos. Esse esforço, que em muito já anunciava o que viria a Igreja a expressar no Concílio Vaticano II, era também o de Lewis, e assim ambas as vozes se tornaram uma na busca da «unidade na caridade», primeiro passo rumo à almejada unidade «na doutrina e na ordem».

Naturalmente, a afinidade imediatamente manifesta entre essas duas grandes figuras levaria a um aprofundamento da amizade e, portanto, a mensagens de teor mais íntimo: falam-se de dificuldades, experiências, reflexões, esperanças e medos, doenças e concepções de mundo... Por outro lado, foi precisamente essa cumplicidade ímpar o que legou-nos a grande lacuna desta troca de missivas: C. S. Lewis tinha por hábito lançar ao fogo as correspondências que recebia, o que faz com que pouco tenhamos, aqui, da pena de São João Calábria: «faço-o por não querer deixar que coisas muitas vezes dignas de um silêncio sagrado sejam lidas pela posteridade. Hoje, pesquisadores curiosos reviram tudo o que produzimos e aspergem-no com o veneno da publicidade [...]. Aquele homem admirável, lenientíssimo para com os outros e, ao mesmo tempo, extremamente severo – quiçá cruel – consigo mesmo, escreveu muitas coisas, com humildade e certo grau de santa imprudência, que julgo não deverem ser publicadas».

Mais do que um volume capaz de enriquecer com curiosidades a interpretação da vida e do legado desses homens, este livro há de servir, estamos certos, como inspiração para a construção desses diálogos que se fazem cada vez mais necessários nos tempos que correm: diálogos francos e repletos de cortesia, mas sem desinteressar-se da verdade das coisas e ceder a respeitos humanos. É bastante oportuno, pois, o momento em que esta obra encontra sua primeira edição em português.

O editor

CARTAS LATINAS
ENTRE C. S. LEWIS
E
PE. JOÃO CALÁBRIA
(1947-1954)

1
Verona
1° Settembre 1947

Praeclarissime ut Frater,

Gratia et pax Domini nostri Jesu Christi sit semper nobiscum.

1[1]
VERONA
1º DE SETEMBRO DE 1947

Distintíssimo [como que] irmão,

A graça e a paz de Nosso Senhor Jesus Cristo seja sempre conosco.

---

(1) Esta é a carta que inicia a correspondência, a primeira de Pe. João Calábria a C. S. Lewis. Pe. Calábria assumira como parte de sua missão corresponder-se com membros de outras igrejas. Clara Sarrocco tece comentários sobre isso num perspicaz artigo publicado no *The Bulletin of the C. S. Lewis Society* em fevereiro de 1987. Os destinatários de Pe. Calábria incluíam o Arcebispo de Cantuária (em 1949) e representantes das comunhões ortodoxa e luterana, em particular o pastor Suni Wiman, da Suécia. As cartas de Pe. João a Lewis que ainda sobrevivem – isto é, cartas das quais Verona possui cópias – frequentemente têm escopo amplo, mas diversificam-se aqui e ali com referências pessoais específicas. Uma das epístolas sobrevive apenas como esboço em italiano; Pe. Giovanni talvez tenha recorrido a alguma ajuda acadêmica local para traduzir para o latim seus trechos mais genéricos, os quais pode ter enviado a mais de um destinatário. Nas cópias datilografadas, o latim é, às vezes, corrupto, para não dizer inexato. A correspondência prossegue entre intervalos de vários meses, ou até mais. Por vezes, no entanto, vai e vem à velocidade de entrega do correio. Por exemplo, depois de escrever sua carta de 1º de setembro de 1947 a Lewis e receber a resposta de Lewis de 6 de setembro, Pe. Calábria evidentemente escreveu-lhe novamente em 15 de setembro. Todavia, o texto dessa carta perdeu-se.

— Qui nunc Tibi scripturus humilis est sacerdos veronensis (Italia), cui Divina Providentia abhinc XL annos opus commisit pro pueris et adolescentibus, vel orphanis vel utcunque omni ope et quolibet auxilio destitutis, gratis colligendis, ut artes addiscant quibus maturiori aetate sibi sufficere valeant; ad eos autem nutriendos et alendos subsidia, secura ac filiali fiducia, ab ipsa Divina Providentia expectamus, juxta illud sancti Evangelii: «Quaerite primum regnum Dei et justitiam eius, et haec omnia adjicientur vobis».

Inspiratio Tibi scribendi mihi venit dum legerem optimum tuum librum, cui italice titulus: «Le lettere di Berlicche»; ratio autem est ut meam Tibi mentem aperiam circa maximi problema momenti, ad quod solvendum, vel saltem ad ejus solutionem favendam, maturiora esse tempora quam antea mihi videntur; hodie enim, propter hanc bellici furoris prope universalem conflagrationem, multa intersaepta subversa sunt, tot aerumnis ac doloribus mundus tamquam aratus ager factus est, multae generales opiniones immutatae, rivalitates imminutae, ac praesertim aspiratio ex omni parte apparet magna omnium populorum reformandi; haec omnia praemissa constituere videntur ad alterum quod supra jam dixi problema solvendum, scilicet dissidentium fratrum quam maxime exoptatus reditus ad unitatem Corporis Christi, quod est Ecclesia.

Este que ora começa a escrever-te é um humilde sacerdote veronense (Itália) a quem a Divina Providência confiou, há já quarenta anos, o trabalho de reunir gratuitamente meninos e jovens, sejam eles órfãos ou destituídos de quaisquer recursos ou meios de sustento, para que se instruam em técnicas de que se possam valer para sustentar-se ao atingirem a idade adulta. Quanto aos recursos necessários à sua alimentação e cuidado, esperamo-los, com uma confiança certa e filial, da Divina Providência, de acordo com aquele passo do Santo Evangelho: «Buscai primeiro o reino de Deus e a sua justiça, e todas estas coisas ser-vos-ão acrescentadas».

A inspiração de escrever-te veio-me enquanto lia teu excelente livro, cujo título em italiano é *Le lettere di Berlicche*[2]. Minha intenção é revelar-te o que penso em relação a um problema de suma importância, a cuja solução – ou, pelo menos, à facilitação desta solução – os tempos me parecem mais favoráveis agora do que antes; hoje, pois, devido a esta conflagração quase universal do furor bélico, muitas fronteiras têm sido subvertidas, o mundo assemelha-se a um campo arado de tantas tribulações e dores, muitas opiniões gerais vêm-se mudando, rivalidades perdem sua força e, sobretudo, surge de todas as partes uma grande aspiração de todos os povos à reforma. Todas essas coisas parecem constituir as premissas necessárias à solução de outro problema que já mencionamos antes: o do retorno profundamente desejado dos irmãos dissidentes à unidade do Corpo de Cristo, que é a Igreja.

---

(2) Título italiano de *Cartas de um diabo a seu aprendiz*. Publicado por Arnaldo Mondadori, o livro foi apresentado a Pe. Calábria pelo Pe. Genovesi, OP.

Anhelitus hic est Sacratissimi Cordis Jesu, in illa ad Patrem antequam pateretur oratione manifestatus: «Ut omnes unum sint».

Omnibus quidem interest hunc divinum anhelitum complere; ego candide Tibi fateor, a primis annis mei sacerdotii ad hoc magnum problema totis viribus animum vertisse; atque ita «Octavam precum pro unitate Ecclesiae» diebus 18-25 Januarii habendam propagare coepi; in una domorum nostrae Congregationis diurnam Eucharisticam adorationem ac preces publice faciendas pro unitate ab Episcopo Diocesano impetravi; ad eundem finem literas huc illuc pro opportunitate mittere humiliter curavi, et alia similia opera, in mea paupertate, peragere studui.

Sed Tu quoque mihi videris in Domino multum conferre posse, magna qua polles auctoritate, non solum in nobilisima Patria Tua, sed etiam in aliis terris. Quomodo autem et quibus mediis Tuae relinquo prudentiae; pauper ut sum ego enixe orare promitto, ut Deus et Dominus noster Jesus Christus illuminare et confortare dignetur, ut aliquid majoris momenti perficere queas in vinea Domini, ut tandem videre possit: «Unum ovile et unus Pastor».

Veniam obsecro mihi concedas, pro libertate qua Tecum uti ausus sum; Si quid vero mihi scribere volueris, scito pergratam rem mihi Te facturum.

É esse o anélito do Sagrado Coração de Jesus, manifestado naquela oração ao Pai antes de sua Paixão: «Que todos sejam um».

De fato, é do interesse de todos cumprir tal desejo divino; confesso-te francamente ter voltado minha atenção para este grande problema com todas as forças desde os primeiros anos de meu sacerdócio. Assim, comecei a propagar uma «Oitava de orações pela unidade da Igreja»[3], a ser rezada entre os dias 18 e 25 de janeiro; numa das casas de nossa Congregação[4], consegui obter permissão do Bispo Diocesano para realizar a adoração diária do Santíssimo Sacramento e orações públicas pela unidade. Para o mesmo fim, cuidei de enviar humildemente cartas aqui e ali, conforme a oportunidade se me oferecia, e esforcei-me por desenvolver, na minha pobreza, outros trabalhos.

No entanto, também tu me pareces poder contribuir muito no Senhor, por tua grande influência não apenas em tua nobilíssima pátria, como também em outras terras. Como e por que meios fazê-lo, deixo a cargo de tua prudência; pobre que sou, prometo rezar com zelo a nosso Deus e Senhor Jesus Cristo, pedindo que se digne iluminar-te e fortalecer-te para que sejas capaz de realizar algo de maior importância na vinha do Senhor, e enfim se veja «um só rebanho e um só pastor».

Peço-te que me desculpes pela liberdade de que ousei usar contigo; se quiseres escrever-me algo, sabe que me agradarás muito.

---

(3) A oitava de janeiro pela unidade é algo a que Pe. Calábria faz referência de tempos em tempos, e lhe era muito cara.

(4) Pe. João havia adquirido uma abadia do século X, originalmente beneditina e agora chamada La Casa di Maguzzano, perto do lago Garda.

Tuis orationibus enixe me commendo, necnon pueros et fratres mihi commissos; hanc caritatem Tibi rependere, pro paucitate virium mearum, quotidie praesertim in augustissimo Missae sacrificio celebrando dulce mihi erit.

In fraterno amplexu, benedictionem Dei Patris, et Filii, et Spiritus Sancti, per intercessionem Beatae Mariae Virginis, Tibi ac Tuis adprecans, me humiliter signo Tuus in Corde Jesu...

DON CALABRIA

Encomendo-me devotamente às tuas orações, bem como os meninos e irmãos a mim confiados; ser-me-á uma alegria, dada a pouquidade de meus meios, repagar--te esse ato de caridade principalmente com a celebração cotidiana do Santíssimo Sacrifício da Missa.

Com um abraço fraterno despeço-me, imprecando para ti e para os teus, pela intercessão da Bem-Aventurada Virgem Maria, a benção de Deus Pai, Filho e Espírito Santo e pondo-me humildemente à tua disposição no Coração de Jesus...

PADRE CALÁBRIA

2
MAGDALEN COLLEGE
OXFORD
6TH SEPTEMBER 1947

Reverende Pater,

Epistolam tuam *plenam caritate et benevolentia grato animo accepi. Scito et mihi causam doloris et materiam orationum esse hoc schisma in corpore Domini, gravissimum intrantibus scandalum, quod etiam omnes fideles reddit debiliores ad communem hostem repellendum. Ego tamen laicus, immo laicissimus, minimeque peritus in profundioribus sacrae theologiae quaestionibus. Conatus sum id facere quod solum facere posse mihi videor: id est, quaestiones subtiliores de quibus Romana Ecclesia et Protestantes inter se dissentiunt omnino relinquere (episcopis et eruditis viris tractandas) propriis vero libris ea exponere quae adhuc, Dei gratia, post tanta peccata tantosque errores communia sunt. Neque inutile opus: vulgus enim video ignorare de quam*

2[1]
MAGDALEN COLLEGE
OXFORD
6 DE SETEMBRO DE 1947

Reverendo padre,

Recebi de muito bom grado tua carta repleta de caridade e boa vontade. Sabe que também para mim é causa de dor e matéria de oração este cisma no corpo do Senhor, o qual constitui gravíssima pedra de tropeço para os que entram e enfraquece os fiéis como um todo no repelir o inimigo comum. Eu, porém, sou leigo – de fato, o mais leigo dos leigos –, e de forma alguma perito nas questões mais profundas da sacra teologia. Busquei fazer a única coisa que me parece possível, a saber: abandonar por completo as questões mais sutis, em relação às quais a Igreja Romana e os protestantes discordam entre si – devendo estas ser tratadas por bispos e homens doutos –, e expor em meus livros aquilo que ainda, pela graça de Deus, depois de tantos pecados e erros, permanece comum a todos. E o esforço não é em vão, pois vejo que o

---

(1) Esta é a primeira carta de C. S. Lewis a Pe. João Calábria, e sua ênfase na oração – «o expediente mais poderoso de todos» – define o tom do restante da correspondência.

multis etiam nunc consentimus – adeo ut hominem inveni qui credebat vos negare Trinitatem Dei! Praeter illud opus, semper putavi mihi quam maxime cum omnibus qui se Christianos appellant fraternaliter conversandum: id quod si omnes strenue fecerint, nonne licet sperare eam dilectionis et operationum unitatem multis annis praecedere, necnon fovere, seriorem doctrinarum redintegrationem? Tertio loco restant (quod validissimum est) orationes.

Consuetudo latine scribendi mihi per multos annos non usitata! Si quem soloecismum fecerim veniam peto.

Oremus pro invicem. Cordialiter paternae tuae caritati me commendo in Domino nostro.

C. S. LEWIS

público ignora o grande número de pontos em que ainda concordamos, e de tal modo que, certa vez, encontrei um homem que acreditava que negáveis a Trindade de Deus! Para além desse trabalho, sempre pensei que devia conviver o mais fraternalmente possível com todos aqueles que se denominam cristãos: se todos, pois, se esforçassem nesse sentido, não poderíamos esperar que a unidade no amor e no proceder precedesse em muitos anos, e talvez até propiciasse, a reintegração, mais séria, das doutrinas? Em terceiro lugar resta o expediente mais poderoso de todos: a oração.

Muitos anos faz que não exercito o hábito de escrever em latim! Se cometi algum solecismo, peço desculpas.

Oremos um pelo outro. Encomendo-me cordialmente à tua caridade paternal em nosso Senhor.

C. S. LEWIS

3
MAGDALEN COLLEGE
OXFORD
20TH SEPTEMBER 1947

Reverende Pater –

Alteram tuam epistolam, 15 die Sept. scriptam, grato animo accepi.

Hora, ut dicis, vere Satanae est: sed spei nonnullas scintillas in tenebris video.

Communia pericula, communes aerumnae, commune fere omnium hominum in gregem Christi odium et contemptus possunt, Dei gratia, multum conferre ad sanandas divisiones nostras; qui enim eadem, ab eisdem, pro eodem,

3
MAGDALEN COLLEGE
OXFORD
20 DE SETEMBRO DE 1947

Reverendo padre,

Recebi de bom grado tua outra carta, escrita no dia 15 de setembro. A hora, como dizes, é verdadeiramente de Satanás, mas vejo algumas centelhas de esperança em meio às trevas. Perigos e tribulações em comum, bem como o ódio e o desprezo comuns de quase todos os homens ao rebanho de Cristo, podem, com a graça de Deus, contribuir muito para sanar nossas divisões[1]; aqueles, pois, que sofrem as

---

(1) Em carta datada de 8 de maio de 1939, Lewis expressava a dom Bede Griffiths reflexões semelhantes: «Uma cristandade unida seria a resposta ao novo paganismo. Como, porém, a reconciliação das igrejas ocorrerá, em vez da conversão de indivíduos de uma igreja a outra, confesso que não consigo vislumbrar. Tendo a pensar que a tarefa imediata seja uma cooperação vigorosa com base no que ainda agora temos em comum – combinado, certamente, com uma admissão completa de nossas diferenças. Então, uma unidade já experimentada em alguns pontos talvez prove ser o prelúdio a uma unidade confessional em todas as coisas. Nada poderia dar maior suporte às proposições papais do que o espetáculo de um papa que funcione, de fato, como cabeça da cristandade».

patiuntur, vix possunt non amare inter se. Equidem crederem Domini in animo esse (postquam leniora medicamina recusavimus) nos ipsa persecutione et angustiis in unitatem cogere. Satanas ille procul dubio nihil aliud est quam malleus in manu benevoli et severi Dei.

Omnes enim aut volentes aut nolentes voluntatem Dei faciunt: Judas et Satanas ut organa aut instrumenta, Johannes et Petrus ut filii.

Etiam nunc videmus aut majorem caritatem aut certe minus odium inter divisos Christianos esse quam fuit ante C annos: cujus rei mihi videtur (sub Deo) principalis causa esse gliscens superbia et immanitas infidelium. Hitlerus, insciens et nolens, maxime ecclesiae profuit!

Libros quos tu te missurum esse pollicitus es cum gratiarum actione expecto. Ceterorum meorum operum nullum in Italica lingua exstat: alioquin missurus eram.

Utinam pestifera illa «Renascentia» quam Humanistae effecerunt non destruxerit (dum erigere eam se jactabant) Latinam: adhuc possemus toti Europae scribere.

Orationes tuas, dilecte pater, adhuc oro.

Vale,

C. S. LEWIS

mesmas coisas, da parte das mesmas pessoas e pelo mesmo propósito, dificilmente poderão deixar de amar-se entre si. Com efeito, tendo a crer que o Senhor tenha a intenção – depois de termos recusado remédios mais suaves – de nos impelir à unidade por meio da perseguição e das dificuldades. O próprio Satanás, sem sombra de dúvida, não é outra coisa senão um martelo nas mãos de um Deus benevolente e severo.

De fato, todos, querendo ou não, fazem a vontade de Deus: Judas e Satanás, como ferramentas ou instrumentos; João e Pedro, como filhos.

Agora mesmo vemos que há, por um lado, mais caridade e, por outro, menos ódio entre os cristãos cindidos do que havia cem anos atrás, algo cuja causa principal (sob Deus) me parece ser a soberba crescente e a monstruosidade dos infiéis. Hitler, sem o saber ou querer, beneficiou grandemente a Igreja!

Espero com gratidão os livros que me prometeste enviar. Nenhuma outra obra minha há em língua italiana; não fosse isso, enviar-te-ia.

Quem dera aquela pestilenta «Renascença» que os humanistas levaram a cabo não houvesse destruído – ao mesmo tempo que se jactavam de edificá-lo – o latim; ainda hoje poderíamos escrever a toda a Europa!

Continuo pedindo-te, estimado padre, tuas orações. Saudações,

C. S. LEWIS

4
MAGDALEN COLLEGE
OXFORD
3RD OCTOBER 1947

Reverende Pater –

*Duos libros (*Amare *et* Apostolica Vivendi Forma*) grato animo accepi. Nomen auctoris non invenio sed puto vestros esse. Lectionem incipere adhuc non potui: nunc enim hora est negotiorum plenissima, qua iuvenes ex feriis in collegium redeunt et nos magistri sentimus primi parentis maledictio-nem* in sudore vultus *etc.! Futura otia et voluptatem legendi vestros libros expectamus.*

Vale et habe me semper in orationibus tuis,

C. S. LEWIS

4
MAGDALEN COLLEGE
OXFORD
3 DE OUTUBRO DE 1947

Reverendo padre,

Recebi com satisfação dois livros: *Amare* e *Apostolica vivendi forma*. Não encontro o nome do autor, mas imagino que sejam vossos. Não pude ainda começar a lê-los, pois estamos numa época do ano extremamente repleta de afazeres, na qual os alunos retornam das férias para a faculdade e nós, professores, sentimos pesar a maldição de nosso primeiro pai: *pelo suor da tua face*[1], etc.!

Aguardamos ansiosamente algum tempo livre e o deleite de lermos vossos livros.

Saudações, e tem-me sempre nas tuas orações,

C. S. LEWIS

---

(1) Gênesis 3, 19.

5
MAGDALEN COLLEGE
OXFORD
25TH NOVEMBER 1947

Dilecte Pater –

Quamquam vernacula Italica facilior et magis nota mihi est apud Boiardum et Ariostum quam apud hodiernos tractata, Ut omnes unum sint *grato animo perlegi: in quo multa placent. Nonnulla autem nequeo concedere de quibus pauca rescribam, filiali licentia qua (credo) me uti volebas.*

1. De omnipotentia verbi Domini qui ipse Verbum est, quatenus est verbum imperans, consentio. De omnipotentia ejusdem verbi, quatenus oratio est, haesito. Potest enim responderi quod ipse in horto Gethsemane oravit nec impetravit. Deinde, nonne est terribilis veritas, liberum arbitrium mali hominis posse Dei voluntati resistere? Omnipotentiam enim suam modo quodam restrinxit ipso facto creandi

5

MAGDALEN COLLEGE
OXFORD
25 DE NOVEMBRO DE 1947

Estimado padre,

Embora o vernáculo italiano me pareça mais fácil e familiar nas obras de Boiardo e Ariosto[1] do que nos autores modernos, terminei de ler com satisfação *Ut omnes unum sint*, em que muitos pontos me agradam. Com alguns pontos, porém, não posso concordar, e sobre eles escreverei em resposta com a liberdade filial de que, segundo creio, querias que me valesse.

1. Em relação à onipotência da palavra do Senhor, o qual é Ele próprio o Verbo, concordo até onde se trate de uma palavra imperativa. Em relação à onipotência do mesmo Verbo quando se trata de uma palavra de oração, hesito; pode-se, pois, contrapor que Ele, no jardim do Getsêmani, orou sem êxito. Logo, não é uma terrível verdade que o livre-arbítrio de um homem mau pode resistir à vontade de Deus? Porque Ele de algum modo restringiu sua própria onipotência pelo fato mesmo de ter criado

---

(1) Matteo Maria Boiardo (1441-1494) e Ludovico Ariosto (1474-1533), dois poetas italianos do Renascimento. Escreveram, respectivamente, os clássicos *Orlando innamorato* e *Orlando furioso*.

liberam creaturam et legimus nescio qua regione Dominum non potuisse *miracula facere quia defuit fides in hominibus.*

2. Totam causam schismatis in peccato esse non pro certo habeo. Concedo nullum schisma esse sine peccato, sed altera propositio alteram haud necessarie consequitur. Ex vestris Tetzel, ex nostris Henricus VIII, perditi homines erant: adde, si vis, ex vestris Papam Leonem, ex nostris Lutherum (quamquam egomet de ambobus mitiorem sententiam

CARTAS LATINAS

uma criatura livre, e lemos que, em certa região, o Senhor não pôde realizar milagres porque faltou fé aos homens[2].

2. Não estou certo de que a causa inteira do cisma resida no pecado. Admito que não há cisma sem pecado, mas uma proposição não necessariamente se segue à outra. Dentre vós Tetzel e dentre nós Henrique VIII eram homens perdidos; acrescentem-se, se quiseres, dentre vós o Papa Leão[3] e dentre nós Lutero – embora eu mesmo

---

(2) Cf. Marcos 6, 5. Não obstante se ignore o conteúdo da carta de São João Calábria que originou os comentários de Lewis, é possível intuir que o autor irlandês compreendeu corretamente que o livre-arbítrio humano pode resistir à vontade divina; no entanto, há quem possa subentender no trecho alguma oposição entre a onipotência de Deus e o fato de Ele permitir ao homem sua liberdade, quando esta permissão é precisamente fruto da soberania divina. Quanto, ademais, a uma suposta «oração sem êxito» de Jesus no Getsêmani, Bento XVI, no segundo volume de seu *Jesus de Nazaré*, percorre a cristologia da Igreja antiga para retificar o tipo de compreensão demonstrado por Lewis. Poder-se-ia destacar: «O drama do monte das Oliveiras consiste no fato de a vontade natural do homem ser reconduzida por Jesus da oposição à sinergia, e assim restabelece o homem na sua grandeza. Na vontade humana natural de Jesus está, por assim dizer, presente nEle mesmo toda a resistência da natureza humana contra Deus. A obstinação de todos nós, toda a oposição contra Deus está presente, e Jesus, lutando, arrasta a natureza recalcitrante para o alto na direção da sua verdadeira essência. [...] Assim, a oração "não se faça a minha vontade, mas a Tua" (Lc 22, 42) é verdadeiramente uma oração do Filho ao Pai, na qual a vontade humana natural foi totalmente arrastada para dentro do Eu do Filho, cuja essência se exprime precisamente no "não Eu, mas Tu", no abandono total do Eu ao Tu de Deus Pai. Mas este "Eu" acolheu em Si a oposição da humanidade e transformou-a, de tal modo que agora, na obediência do Filho, estamos presentes todos nós, somos todos arrastados para dentro da condição de filhos» (Bento XVI, *Jesus de Nazaré: da entrada em Jerusalém até a ressurreição*, Planeta, São Paulo, 2017, cap. 06). Por conseguinte, a oração de Jesus é precisamente a oração do êxito em reorientar a vontade humana para sua identificação com a vontade do Pai. (N. do E.)

(3) Lewis parece referir-se a Leão X, no que assumiria por verdadeiras certas informações caluniosas que os historiadores, ao longo do tempo, sobretudo na segunda metade do século XX, em parte já colocaram em xeque e disseram tratar-se de inverdades (ou, ao menos, de realidades pouquíssimo prováveis). (N. do E.)

darem) sed quid sentiam de vestro Thoma Moro, de nostro Gulielmo Tyndale? Tota opera et hujus et illius nuper perlegi. Ambo mihi videntur esse viri sanctissimi et toto corde amare Dominum: neque hujus nec illius caligas solvere dignus sum. Attamen dissentiunt et (id quod me torquet et attonitum habet) illa dissensio mihi videtur non ex vitiis nec ex ignorantia eorum, immo ex virtutibus et fidei eorum penetralibus oriri – ita ut quo optimi sunt eo maxime dissentiunt. Credo Dei judicium de hac dissensione altius absconditum esse quam tibi videtur: etenim judicia ejus abyssus.

CARTAS LATINAS 37

faça de ambos um juízo mais suave –, mas que direi de vosso Thomas More ou de nosso William Tyndale? Li recentemente a obra completa de um e de outro[4]; ambos me parecem ser homens muito santos e amar o Senhor de todo o coração: não sou digno de desatar os calçados nem de um, nem de outro. No entanto, eles discordam, e – o que me angustia e deixa atônito – tal discordância parece-me brotar não de vícios ou de alguma ignorância sua, mas de suas virtudes e das profundezas de sua fé, de modo que, quanto mais virtuosos são, mais discordam entre si. Creio que o juízo de Deus sobre essa dissensão esteja mais profundamente oculto do que te parece; seus juízos, pois, são um abismo[5].

---

(4) «Li todas as (suas) obras por completo». Um exemplo do grande – e característico – detalhismo e, poder-se-ia acrescentar, senso de justiça de Lewis. Sem dúvida, ele leu essas obras enquanto preparava o volume *The Oxford History of English Literature*.

(5) Lewis reconhece aqui que a boa-vontade de certas figuras que não estariam na comunhão com a Igreja Católica tal qual desejada por São João Calábria (e pela própria Igreja) poderia, afinal, agravar as cisões no seio do cristianismo. A Igreja, naturalmente, reconhece também essa boa-vontade dos cristãos separados e admite que aqueles «que agora nascem em tais comunidades e são instruídos na fé de Cristo não podem ser acusados do pecado da separação, e a Igreja Católica os abraça com fraterna reverência e amor» (Concílio Vaticano II, Decreto *Unitatis redintegratio* sobre o ecumenismo); sabe, ademais, que «as igrejas e comunidades separadas, embora creiamos que tenham defeitos, de forma alguma estão despojadas de sentido e de significação no mistério da salvação», uma vez que «o Espírito de Cristo não recusa servir-se delas como de meios de salvação cuja virtude deriva da própria plenitude de graça e verdade confiada à Igreja Católica» (*Ibid.*). Disso, porém, não se segue, como bem sabem C. S. Lewis e São João Calábria, que a divisão não seja «escândalo para o mundo, como também prejudica a santíssima causa da pregação do Evangelho a toda a criatura» (*Ibid.*, 1). Com efeito, ao ferirem a túnica inconsútil de Cristo, «os irmãos separados [...] não gozam daquela unidade que Jesus quis prodigalizar a todos os que regenerou e convivificou num só corpo e numa vida nova, e que a Sagrada Escritura e a venerável Tradição da Igreja professam» (*Ibid.*, 3). (N. do E.)

3. Quo scribis Papam esse il punto d'incontro *fere committis (liceat mihi venia vestra dicere) id quod logici vocant* petitionem principii. *Nam de nihilo magis quam de auctoritate Papae dissentimus: ex qua dissensione ceterae fere omnes dependent.*

Quo scribis nos omnes debere quam celerrime contra communem hostem (vel hostes «nomen Legio est») opponere unitatem caritatis et morum Christianorum, toto corde consentio. Disputationes magis aggravant schismata quam sanant: communis operatio, oratio, fortitudo, communes (si Deus voluerit) mortes pro Christo adunabunt. Dixit

CARTAS LATINAS

3. Onde escreves que o papa é *il punto d'incontro*, quase cometes – peço-te a licença de poder dizê-lo – aquilo a que os lógicos chamam *petitio principii*, visto que não há ponto em que discordemos mais do que em relação à autoridade papal: discordância da qual todas as outras dependem[6].

Onde escreves que todos devemos, o mais rápido possível, opor ao inimigo comum – ou inimigos, «cujo nome é Legião» – a unidade da caridade e dos costumes dos cristãos, concordo de todo o coração. Disputas mais agravam o cisma do que o curam; a cooperação, a oração comum, a resistência conjunta e as mortes – se Deus as quiser – unidas por Cristo é que trarão a união. Disse o

---

(6) Quanto à autoridade e às competências do Papa, as quais remetem ao próprio Cristo e C. S. Lewis, devido à visão herdada do protestantismo, equivocadamente parece colocar em xeque, convém muitíssimo recordar as palavras do Catecismo da Igreja Católica (nn. 880-883): «Cristo, ao instituir os Doze, deu-lhes a forma dum corpo colegial, quer dizer, dum grupo estável, e colocou à sua frente Pedro, escolhido de entre eles. Assim como, por instituição do Senhor, Pedro e os outros apóstolos formam um só colégio apostólico, assim de igual modo o pontífice romano, sucessor de Pedro, e os bispos, sucessores dos Apóstolos, estão unidos entre si. Foi só de Simão, a quem deu o nome de Pedro, que o Senhor fez a pedra da sua Igreja. Confiou-lhe as chaves desta e instituiu-o pastor de todo o rebanho. Mas o múnus de ligar e desligar, que foi dado a Pedro, também foi dado, sem dúvida alguma, ao colégio dos Apóstolos unidos ao seu chefe. Este múnus pastoral de Pedro e dos outros apóstolos pertence aos fundamentos da Igreja e é continuado pelos bispos sob o primado do Papa. O Papa, bispo de Roma e sucessor de S. Pedro, é princípio perpétuo e visível, e fundamento da unidade que liga, entre si, tanto os bispos como a multidão dos fiéis. Com efeito, em virtude do seu cargo de vigário de Cristo e pastor de toda a Igreja, o pontífice romano tem sobre a mesma Igreja um poder pleno, supremo e universal, que pode sempre livremente exercer. O *colégio ou corpo episcopal* não tem autoridade a não ser em união com o pontífice romano [...] como sua cabeça. Como tal, este colégio é também sujeito do poder supremo e pleno sobre toda a Igreja, poder que, no entanto, só pode ser exercido com o consentimento do pontífice romano». (N. do E.).

Dominus «si quis fecerit voluntatem Patris, doctrinam sciet» (meis verbis exprimo sensum quia Novum Testamentum latine redditum hodie sub manibus non est). Faciendo veritatem quam iam scimus, in veritatem quam adhuc ignoramus progrediamur. Tunc procul dubio unum erimus: veritas enim uma.

Oremus pro invicem: et pro Gallia quae sub periculis jacet.

Vale, in Domino

C. S. LEWIS

CARTAS LATINAS 41

Senhor: «Se alguém fizer a vontade do Pai, saberá a doutrina» (expresso com minhas próprias palavras o sentido, porque não tenho ora à mão um Novo Testamento em latim). Agindo de acordo com a verdade que já conhecemos, progridamos em direção à verdade que ignoramos; então, sem dúvida, seremos um, pois a verdade é uma.

Oremos um pelo outro e pela França, que se encontra sob perigo[7].

Saudações no Senhor,

C. S. LEWIS

---

(7) A queda do governo francês em agosto havia precipitado uma crise ainda sem resolução.

6
MAGDALEN COLLEGE
OXFORD
13TH JANUARY 1948

Dilectissime Pater,

Grato animo accepi salutationes tuas et vota tua. «Prosint omina» scripsisti et re vera omina fuisse invenio. Nuper enim (quamquam externa meae vitae conditio in melius non mutata est) placuit Domino tranquilitatem magnam, immo hilaritatem, in meum animum infundere. Gratias ago cum timore, quippe qui in mente infixam teneam illam salubrem sententiam in libro De Imitatione Christi *«memento in gratia quid sine gratia sis». Utinam in aeternam constantiam sine vicissitudinis umbra pervenissemus! Octavam instare precum non ignorabam et valde probo.*

6[1]
MAGDALEN COLLEGE
OXFORD
13 DE JANEIRO DE 1948

Diletíssimo padre,

Recebi com satisfação tuas saudações e bons votos. «Sejam favoráveis os auspícios», escreveste-me; e descubro que, de fato, tem havido bons sinais. Recentemente, pois, ainda que as condições aparentes de minha vida não tenham melhorado, aprouve ao Senhor infundir em meu ânimo uma grande tranquilidade – quiçá até um regozijo. Dou graças com temor, mantendo fixa em minha mente aquela salutar recomendação do livro *A imitação de Cristo*: «Lembra-te na graça do que serias sem a graça». Oxalá tivéssemos alcançado a eterna constância sem sombra de desvio[2]! Não me tinha esquecido de que se aproximava a oitava de orações, e a aprovo entusiasticamente. Demos

---

(1) Verona data esta carta de junho, e não de janeiro. Minha primeira leitura do manuscrito pareceu indicar «janeiro». Isso poderia estar errado, mas datei carta como «janeiro» à espera de evidências adicionais, uma vez que as referências à Oitava da Unidade e a outros contatos com Verona (Dr. Lodetti) parecem encaixar-se nesse contexto. Cf. também a datação de 14.01.53.

(2) Trata-se, sem dúvida, de alusão a Tiago 1, 17: «nem sombra de mudança», «*nec vicissitudinis odumbratio*» (na Vulgata).

Pro Gallia nuper servata ex tantis tam corporalibus quam spiritualibus periculis gratias agamus. In quotidianis meis orationibus locum semper habes, et medicus quidam Lodetti Veronensis qui nuper fraterna epistola me confortavit. Fortasse vir tibi notus.

Vale, care pater, et semper memoriam facias tui conservi in Christo

C. S. LEWIS

CARTAS LATINAS

graças pela França, de recente salva de tantos perigos materiais e espirituais. Nas minhas orações cotidianas tens sempre lugar, assim como certo médico veronense chamado Dr. Lodetti[3], que há pouco exortou-me com uma carta fraterna. Talvez tu o conheças.

Saudações, caro padre, e recorda-te sempre de teu conservo em Cristo,

C. S. LEWIS

---

(3) A correspondência não esclarece posteriormente de quem se trata.

7
MAGDALEN COLLEGE
OXFORD
27TH MARCH 1948

Dilectissime Pater,

Epistolam tuam plenam (ut soles) caritate grato anima *accepi. Dura et inquieta sunt omnia – bella et rumores belli – fortasse non* hora novissima *sed certim* tempora pessima. *Attamen Apostolus iterum atque iterum jubet «gaudete». Ipsa naturalis mundi facies jam vere novo renovata proprio modo suo idem jubet. Credo homines hujus aetatis (et inter eos te, pater, et me) nimium cogitare de gentium statu, de rerum saecularium summa. Nonne monet nos auctor* Imitationis *ne nimis implicemur talibus rebus? Non reges, non senatores sumus. Caveamus ne dum frustra de Europae fato cruciamur negligamus aut Veronam aut Oxoniam. In paupere qui ad meam portam pulsat, in matre aegrotante, in*

7
MAGDALEN COLLEGE
OXFORD
27 DE MARÇO DE 1948

Diletíssimo padre,

Recebi de bom grado tua carta repleta, como de costume, de caridade. Por toda parte está tudo difícil e inquieto – guerras e rumores de guerras; talvez não se trate da *hora novissima*[1], mas certamente de *tempora pessima*. Entretanto, o apóstolo ordena repetidas vezes: «Alegrai-vos». A própria face do mundo natural, agora renovada como numa nova primavera, também o ordena à sua maneira. Acredito que os homens de nosso tempo – e entre eles tu, padre, e eu – pensam demais sobre a situação dos povos e a conjuntura do mundo. Não nos aconselha o autor da *Imitação* a que não nos envolvamos demais com tais coisas? Não somos reis nem senadores. Atentemos para não descuidar de Verona ou Oxford enquanto nos torturamos inutilmente acerca do destino da Europa. No pobre que bate à mi-

---

(1) Do poema de Bernardo de Cluny (c. 1130).

juvene qui consilium meum petit, ipse Dominus adest: ergo ejus pedes lavemus. Semper credidi recte sentire illum infidelem Voltaire dum monet Hortum tuum exerce: *necnon Gulielmum Dunbar (Scoticum poetam qui XVmo saeculo floruit) dum dicit*

> *Vir, place Creatori tuo, et hilari esto animo;*
> *Totum vero hunc mundum inius aestimemus assis.*

Cras celebrabimus gloriosam Christi resurrectionem: tui in sacra communione memor ero. Abeste lacrimae, timores, taedia! Natura nostra cum ipsa Deitate aeterno conjugio adunata in caelum caelorum ascendit. Adhuc nos «miseros» vocare impietatis esset. Immo, HOMO est creatura cui inviderent angeli si invidere possint. Sursum corda: forsan et haec olim meminisse juvabit.

Pro litania ista a Cardinale Merry composita, multas gratias ago. Num sciebas omnes temptationes contra quas preces fundit mihi nimium et diu cognitas esse? Desiderio

CARTAS LATINAS 49

nha porta, na mãe enferma, no jovem que pede o meu conselho, o próprio Senhor está presente; portanto, lavemos-lhes os pés. Sempre julguei que aquele infiel Voltaire acertava em sua admoestação: «Cultiva o teu jardim»; igualmente William Dunbar – poeta escocês que floresceu no século XV – quando diz:

Ao Criador compraz, varão, e te entretém;
Pois para nós não vale o mundo um só vintém.

Amanhã celebraremos a gloriosa Ressurreição de Cristo: lembrar-me-ei de ti na sagrada comunhão. Apartai-vos lágrimas, temores, aborrecimentos! Nossa natureza ascendeu ao céu dos céus unida em conjúgio eterno com a própria Divindade. Seria impiedade ainda nos chamarmos «miseráveis»; pelo contrário, o homem é a criatura que os anjos invejariam, se pudessem invejar. Corações ao alto[2]: talvez também estas coisas serão um dia agradáveis de recordar.

Agradeço efusivamente pela ladainha composta pelo Cardeal Merry[3]. Não sabias que todas as tentações contra as quais ele multiplica suas preces eram-me já bem

---

(2) «Corações ao alto»: da Santa Missa. Segue-se imediatamente aquele verso da *Eneida* de Virgílio (I.203) em que Eneias exorta seus companheiros com o pensamento de que as dificuldades enfrentadas podem, um dia, ser agradáveis de relembrar. O mesmo aconteça às tribulações desta vida – sugere Lewis – naquela que virá.

(3) Trata-se da «Ladainha da Humildade» composta pelo Cardeal Merry del Val, secretário de Estado do Vaticano quando do pontificado de São Pio X. Constam nela os dois trechos citados em italiano por Lewis adiante: «Do desejo de ser estimado, livrai-me, ó Jesus» e «Do receio de sofrer repulsas, livrai-me, ó Jesus».

di essere stimato... timore di essere rifiutato... *uhé, compungis me!*

Semper oremus pro invicem.

Vale.

C. S. LEWIS

conhecidas de há muito? *Desiderio di essere stimato...* *timore di essere rifiutato... Touché*, pegaste-me!

Oremos sempre um pelo outro.

Saudações,

C. S. LEWIS

8
COLLEGIUM STAE
MARIAE MAGDALENAE
APUD OXONIENSES
AUG. X A.S. 1948

Grato animo, Pater dilectissime, litteras tuas accepi.

Cur dubitas te locum tuum in orationibus meis et adhuc habere et habiturum esse? Nostram rempublicam in lubrico versari recte judicas. Apud nos conflictus est haud acrior quam in Italia sed quodam modo difficilior. Vestri Sinistrales *(ut ita dicam!) Atheismum suum confitentur, immo jactant, lupi sunt et lupi esse videntur. Nos patimur multitudinem luporum ovilibus vestimentis vestitorum. Eorum qui injustitiam faciunt in re politica multi dicunt se Regnum Domini aedificare; nec dicunt solum sed fortasse credunt. Non enim nostri est corda discernere et caritas nihil malitiae imputat quod potest ex simplici stultitia et ignorantia evenire – «fert omnia, credit omnia». Mihi quidem*

8
COLLEGE OF ST MARY MAGDALEN
OXFORD
10 DE AGOSTO DO ANO DA SALVAÇÃO
DE 1948

Com satisfação, diletíssimo padre, recebi tua carta.

Por que duvidas de que ainda tenhas lugar em minhas orações e sempre terás? Acertas ao julgar que nossa nação se debate numa situação escorregadia. Entre nós há um conflito não mais aguerrido do que aquele que se versa na Itália, mas de certo modo mais difícil. Vossos «esquerdistas» – por assim dizer! – confessam seu ateísmo e chegam mesmo a orgulhar-se dele: lobos são e a lobos assemelham-se. Nós, porém, temos de aguentar uma multidão de lobos em pele de cordeiro. Dentre aqueles que praticam a injustiça em questões políticas, muitos dizem construir o Reino do Senhor; e não somente o dizem, como talvez até o creiam. Não é, pois, de nosso feitio o saber discernir os corações, e a caridade não atribui à malícia o que pode ser explicado por simples estultícia ou ignorância – «tudo suporta, tudo crê»[1]. A mim nada parece mais molesto neste esta-

---

(1) 1 Coríntios 13, 7.

videtur nihil in hoc statu rerum molestius esse quam quod quotidiana pugna contra odium (non dico inimicorum sed nostrum) nos exercet. Nunc etiam novae minae rumoresque belli oriuntur. Attamen saepe recurro ad apostolicum illud verbum «nulla temptatio nobis accidit nisi quae communis est hominibus – nondum ad sanguinem etc.». Gratias debemus agere pro omni fortuna; si «bona» est quia bona est, si «mala» quia operatur in nobis patientiam, humilitatem, et contemptum saeculi et spem aeternae Patriae.

Vale: semper oremus pro invicem.

C. S. LEWIS

do de coisas do que a batalha cotidiana contra o ódio –
e não digo o dos inimigos, mas o nosso – que temos de
empreender. Ainda agora novas ameaças e rumores
de guerra surgem; entretanto, recorro com frequência
àquele dito do apóstolo: «nenhuma tentação nos acomete
além daquilo que é comum a todos os homens – *nondum
ad sanguinem*, etc»[2]. Devemos dar graças por todo tipo de
sorte: se boa, porque boa; se má, porque opera em nós a
paciência[3], a humildade, o desprezo do mundo e a esperança da pátria eterna.
Saudações. Oremos sempre um pelo outro.

C. S. LEWIS

(2) 1 Coríntios 10, 3; Hebreus 12, 4: «Ainda não tendes resistido até o
sangue na luta contra o pecado».

(3) Cf. Tiago 1, 3.

9
MAGDALEN COLLEGE
OXFORD
JAN. XIV. 1949

Laeto animo, Pater dilectissime, epistolam tuam in die Natali Domini scriptam accepi eo gratiorem quia tam solemni hora me in memoria habere voluisti. Noli dubitare quin locum usitatum in orationibus meis teneas. Nunc vero montes et maria nos dividunt nec scio qua sis forma corporis; placeat Deo ut olim in resurrectione corporum et inenarrabili illa novitate congrediamur.

Quod ad meos labores pertinet, nollem te spe inani fallere. Iam quinquagesimum annum ago. Fervorem scribendi et priscum quidquid erat ingenii decrescere sentio: neque (credo) lectoribus, ut solebam, placeo. Multis aerumnis laboro. Domus mea inquieta, muliebribus rixis vastata, inter tabernacula Kedar habitandum est, *Gran-*

9
Magdalen College
Oxford
14 de janeiro de 1949

Recebi com alegria, padre diletíssimo, tua carta escrita no dia da Natividade do Senhor, feita ainda mais agradável pelo fato de te haveres recordado de mim numa hora tão solene. Não duvides de que ainda tens teu lugar de costume em minhas orações. Agora nos dividem os montes e os mares, e nem ao menos conheço tua aparência física; apraza a Deus que um dia, na ressurreição dos corpos e naquela renovação inenarrável, nos encontremos.

No que diz respeito aos meus trabalhos, não desejaria enganar-te com vãs esperanças. Tenho já cinquenta anos e sinto decrescer meu fervor de escrever e o pouco engenho que tinha outrora; tampouco acredito que ainda agrade aos leitores como costumava. Sofro sob muitas tribulações. Minha casa é inquieta e devastada por rixas mulheris: *devo habitar entre as tendas de Quedar*[1]. Minha

---

(1) Salmo 120, 5.

daeva mater, longa valetudine confecta, diurnae curae mihi est.

Ora pro me, Pater, ut semper in mente habeam praeclaram istam sententiam «si vis pacificare alios, tene te in pace». Haec scribo non quasi querelas sed ne forte credas me opera componere. Si Deo placuerit ut plura scribam, benedictus sit; si non placuerit, iterum benedictus sit. Fortasse animae meae saluberrimum erit et famam et ingenium perdere ne in vanam gloriam (malam pestem) lapsurus essem.

De istis parvis «magnis viris» quorum mentionem fecisti, tacebo. Magna minantur et magna pollicentur; utraque (fortasse) vana. Sollicitudo de rebus futuris frustra angit mentes mortales. Attamen, confiteor, saepe cogimur dicere «Quousque, Domine?».

Vale,

C. S. LEWIS

velha mãe[2], fragilizada por uma longa doença, é minha preocupação diária.

Reza por mim, padre, para que eu sempre tenha em mente este famoso ditado: «Se queres pacificar os outros, mantém-te a ti mesmo em paz». Escrevo estas coisas não para queixar-me, mas para que não penses que componho outra obra. Se aprouver a Deus que eu escreva mais, bendito seja; se não lhe aprouver, bendito seja também. Talvez seja mais saudável para minha alma perder a fama e o engenho, de modo que não caia em vanglória, essa doença maligna.

Sobre esses pequenos «grandes homens» que mencionas, calar-me-ei. Muito ameaçam e muito prometem; talvez igualmente em vão. A preocupação com o futuro angustia debalde as mentes mortais. Confesso, porém, que muitas vezes somos levados a perguntar: «Até quando, Senhor?».

Saudações,

C. S. LEWIS

---

(2) A «velha mãe» de Lewis era a senhora que o autor, até 1951, ano em que ela morreu, tomara sob seus cuidados depois que o filho – amigo próximo de Lewis chamado Paddy Moore – foi morto na França (1918), durante a Primeira Guerra.

10
CASA BUONI FANCIULLI
VERONA
PASCHA D.NI '49 17TH APRIL 1949

Dilectissime in Christo,

Gratia et pax Christi exultet in corde tuo.

Dies sollemnes propinquant, quibus Resurrectionem Domini JESU celebramus. Mens mea ad te cotidie est, praesertim his diebus auspiciorum ad fratres et amicos. Pro te a Domino precor ut vota et desideria tua omnino adimpleantur.

Domini Jesus det tibi Suam pacem in osculo dilectionis! Te adjuvet in operibus bonis multiplicandis ad profectum tuae curae commissorum, ut eos ad caelestia desideria erigas in adipiscenda humana scientia. Super te, et super familiam tuam, splendeat jugiter sol laetitiae et jucunditatis in Domino; ut dies bonos et prosperos ducatis hac vita transeunte; ac tandem suo tempore Paradisum felicitatis aeternae ingredi valeatis, meritis onusti bonorum operum!

Haec vota mea in Paschate nostro.

Tempora bona veniant! Vox quidem Dei continuo ad

10
Casa Buoni Fanciulli
Verona
Páscoa do Senhor de 1949
17 de abril de 1949

Diletíssimo em Cristo,

A graça e a paz de Cristo exultem em teu coração. Aproximam-se os dias solenes em que celebramos a Ressurreição do Senhor Jesus. Minha mente volta-se para ti cotidianamente, sobretudo nestes dias em que se deseja o bem aos irmãos e amigos. Suplico ao Senhor por ti que todos os teus votos e desejos se cumpram.

O Senhor Jesus te dê sua paz num ósculo de amor! Que te ajude a multiplicar tuas boas obras para o avanço dos que foram confiados aos teus cuidados, de modo que cries neles aspirações celestes ao adquirirem o aprendizado humano. Sobre ti e sobre toda a tua família resplenda o sol da alegria e da jovialidade no Senhor: que tenhais dias bons e prósperos nesta vida passageira e possais, enfim, adentrar o Paraíso da felicidade eterna quando chegar o tempo, carregados dos méritos de vossas boas obras!

Esses são meus votos para nosso tempo pascal.

Que venham bons tempos! Com efeito, a voz de Deus

nos clamat; ad mundum clamat, ut remotis peccatis regnum Dei quaeramus sincere. Utinam omnes audiamus hanc Patris vocem, et tandem aliquando ad Dominum convertamur! Det nobis Dominus Jesus ut his diebus suae Resurrectionis – post Passionem et Mortem pro nobis – adlaborare possimus ut familia humana resurgat in novitate vitae Christi et Domini.

Vale! et semper mei memoriam apud Deum feceris in precibus: misericordia Domini indigeo! Ego tui semper, cotidie, memor sum in meis precibus. Diligamus invicem nunc, ut invicem gaudeamus in Caelo.

Ad pedes Crucifixi dictavi hanc litteram.

Leges in corde meo omnia quae dicere voluissem tibi si valetudo permisisset.

[PHRASES RETRO SCRIPTAE]

CARTAS LATINAS 63

clama a nós continuamente; clama ao mundo para que, abandonados os nossos pecados, busquemos o reino de Deus com sinceridade. Oxalá possamos todos ouvir este chamado do Pai e um dia, enfim, converter-nos! Conceda-nos o Senhor Jesus, por estes dias de sua Ressurreição – depois de sua Paixão e Morte por nós –, que possamos trabalhar para que a família humana ressuscite na novidade da vida do Cristo e Senhor.

Saudações! Que de mim te recordes sempre diante de Deus em tuas preces: necessito da misericórdia do Senhor! Quanto a mim, lembro-me de ti sempre, todos os dias, em minhas preces. Amemo-nos um ao outro agora, para que nos regozijemos juntos no Céu.

Aos pés do Crucifixo ditei[1] esta carta. Lerás em meu coração tudo o que eu gostaria de haver-te dito, se a saúde tivesse permitido.

[ALGUMA ESCRITA NO VERSO]

---

(1) *Dictavi*: «compus» ou «ditei». Talvez Pe. Calábria tenha ditado a carta, acrescentando depois algumas linhas à mão no verso.

11
COLLEGIO STAE MARIAE MAGDALENENSIS APUD OXONIOS
SEPT. X° A. D. MDCCCCXLIX

Dilecte Pater,

Nuper in scriniis meis inveni epistolam tuam quam benevolo animo scripsisti Pascha praesentis anni. Credo me nullum responsum misisse: quo silentio meo nihil minus civile, minus humanum, fieri potuit. Culpam agnosco, veniam peto. Nolo autem te credere aut memoriam tui ex animo aut nomen tuum ex orationibus meis quotidianis excidisse. Nihil enim aliud in causa erat nisi perpetuus scribendi labor necnon (ne nimis me exculpare videar) accidia quaedam - mala pestis et (credo) VII istorum mortalium vitiorum in me validissimum, quamquam hoc de me pauci credunt.

Ex brevi valetudine, Deo gratia, sanatus sum. Passus sum

11
College of St. Mary Magdalen
Oxford
10 de setembro do ano de Nosso Senhor de 1949

Estimado padre,

Encontrei há pouco em minha escrivaninha a carta que tão gentilmente me escreveste na Páscoa deste ano. Creio não te haver enviado resposta alguma, e nada poderia haver de menos civil, menos humano, do que este meu silêncio. Reconheço minha culpa e peço perdão, mas não quero que creias que a tua recordação tenha fugido à minha atenção ou teu nome, às minhas orações cotidianas; nenhuma outra, pois, foi a causa desse silêncio senão o perpétuo trabalho de escrita, bem como – para que não pareça que me desculpo em demasia – uma dose de acídia[1], doença maligna e (creio eu) aquele dos sete pecados capitais que mais me afeta, embora poucos suponham isso a meu respeito.

Estou curado, graças a Deus, de uma breve doença;

---

(1) Preguiça, desinteresse, indiferença ou torpor causado pela lamentação ou exaustão; um dos sete pecados capitais.

morbum quem medici olim tonsilitim *anglice appellabant nunc vero splendidiore titulo* streptococcum. *Febris haud modica incumbebat et horas quasdam deliravi... o quam bene poeta vester scripsit de animis perditis* qui han perduto il ben dell'inteletto: *quid enim supplicium atrocius? Nam dum mens alienatur nobismet videmur multo cogitationis negotio laborare syllogismos contexere, quaestiones subtilissimas tractare, nescientes tamen quid sit de quo cogitamus. Operatio mentis adest, opus abest.*

In hac insula gravis carentia imbris nos vexat. De aliis nationibus taceo. Quid enim ad me nisi ut magis magisque teneam infixa cordi Dominica verba «Audituri estis praelia et opiniones praeliorum. Videte ne turbemini»?

Vale, mi pater, nec cesses ex paterna caritate apud communem Dominum (verum Deum et solum verum Hominem, ceteri enim nos omnes, post Adami lapsum, semihomines) mentionem mei facere.

vester,

C. S. LEWIS

CARTAS LATINAS

sofria dum mal a que os médicos chamavam, em inglês, «tonsilite», e agora denominam pelo vocativo «estreptococos». Uma febre alta acometia-me e delirei por algumas horas... Quão bem escreve vosso poeta sobre as almas perdidas, quando diz que *han perduto il ben dell'inte'lletto*[2]! Pois que suplício seria pior? Porque, enquanto nossa mente se aliena, temos a impressão de lavorar grandemente em pensamento, compor silogismos, tratar de questões sutilíssimas – sem saber, no entanto, em que pensamos. Tem-se o trabalho mental, mas não sua obra resultante.

Nesta ilha, uma grave falta de chuva nos assola; das outras nações, nada digo. Que me resta fazer, senão ter cada vez mais gravadas em meu coração as palavras do Senhor: «Ouvireis falar de guerras e rumores de guerras. Cuidai que não vos conturbeis»[3]?

Saudações, meu padre, e não cesses, com vossa caridade paterna, de fazer menção de mim junto ao Senhor comum – verdadeiro Deus e somente Ele verdadeiro homem, visto que todos nós outros, depois da queda de Adão, somos semi-homens.

Vosso,

C. S. LEWIS

---

(2) Dante, *Inferno*, III, 18.
(3) Marcos 13, 7.

12
LETTERA DEL PADRE D. GIOVANNI CALABRIA AL PROF. C. S. LEWIS
VERONA
18 SETT. '49

Dilectissime in Domino,

Gratia tibi, pax a Deo nostro Christo Jesu, qui nos in partem sanctorum vocavit.

Pergratum mihi fuit solamen ex tuis litteris, quas nuper accepi. Ego valde cupiebam aliquod tui nuntium recipere post plures menses a tua epistola; timebam ne salus tua defecisset. Nunc Deo gratias ago de recuperata valetudine tua; et divinam benignitatem rogo ut tibi multos annos concedat quibus adlaborare possis ad Dei gloriam et fratrum salutem.

Ego semper tui memor sum; pro certo mihi videris vocatus ad missionem specialem in bonum proximi; hac hora, his temporibus difficilimis, divina Providentia poscit a nobis ut caritate compulsi Evangelium portemus manifeste, in vita nostra cotidiana, ita ut ceteri «videant opera nostra et glorificent Patrem».

12
CARTA DO PADRE JOÃO CALÁBRIA
AO PROF. C. S. LEWIS
VERONA
18 DE SETEMBRO DE 1949

Diletíssimo no Senhor,

Graça a ti e a paz do nosso Deus Cristo Jesus, que nos chamou ao galardão dos santos.

Foi-me gratíssima a consolação de tuas cartas, que recebi há pouco. Desejava sobremaneira receber alguma mensagem tua tantos meses depois de tua carta; temia que tua saúde houvesse falhado. Agora dou graças a Deus por tua recuperação e rogo à divina bondade que te conceda ainda muitos anos, durante os quais possas trabalhar para a glória de Deus e salvação dos irmãos.

Sempre me lembro de ti; certamente pareces-me chamado a uma missão especial pelo bem do próximo; nesta hora, nestes tempos tão difíceis, a Divina Providência pede-nos que, impulsionados pela caridade, levemos o Evangelho abertamente em nossa vida de todos os dias, de forma que os outros «vejam nossas obras e glorifiquem o Pai»[1].

---

(1) Mateus 5, 16.

Dona mentis et cordis, quibus polles, locum quem tenes coram juvenibus studio addictis, satis perspicua sunt signa divinae erga te voluntatis. Deus a te exspectat ut verbo et opere fratres adducas fortiter et suaviter ad Evangelium Christi.

Pulchre tu dicis nos semihomines esse, quia pleni miseriis et peccatis. Sed habemus Pontificem qui condolere potest, et dare nobis sufficientiam ad opus commissum explendum. Non quod simus validi ex nostris viribus; sed «sufficientia nostra ex Deo est».

Eja ergo, adlaboremus corde generoso, fide intrepida ad regnum Dei dilatandum, ad fratres nostros complectendos unitate fidei et dilectionis, ad pugnandum quam strenue ut amor Christi vincat, regnet et imperet in mundo universo. Sine Eo nihil possumus; sed «omnia possumus in Eo, qui nos confortat».

Haec anima recolo, dum coram Crucifixo de te recogito, et pro te preces effundo ut dignus magis magisque habearis miles Christi Jesu. Et tu memor sis mei, qui ad occasum vitae festino, ut Dei miseratione dignus inveniar et locum refrigerii ingrediar.

Semper in caritate Christi et Dei conjunctos nos invicem sentiamus in terris; et in gaudio caelesti comparticipes nos faciat Deus bonus et clemens.

Os dons da mente e do coração, que possuis em abundância, e a posição que ocupas entre jovens estudantes são sinais perspícuos de qual seja a vontade divina em relação a ti. Deus espera de ti que guies os irmãos com força e suavidade, por palavras e ações, ao Evangelho de Cristo. Dizes com acerto que somos semi-homens, porque repletos de misérias e pecados; no entanto, temos um Sumo Sacerdote que pode sofrer conosco e dar-nos forças suficientes para concluir a obra iniciada; não porque sejamos fortes por nossas próprias forças, mas «nossa força vem do Senhor»[2].

Eia, pois: trabalhemos com um coração generoso e uma fé intrépida para dilatar o reino de Deus, abarcar nossos irmãos na unidade da fé e do amor e lutar com todas as forças para que o amor de Cristo vença, reine e impere no mundo inteiro. Sem Ele nada podemos, mas «tudo podemos naquele que nos fortalece»[3].

Trago essas considerações em minha alma sempre que penso em ti diante da Cruz e derramo por ti preces, para que sejas cada vez mais honrado como soldado de Cristo Jesus. Lembra-te também tu de mim, que me aproximo rapidamente do ocaso da vida, para que seja achado digno da misericórdia de Deus e encontre um local de refrigério.

Sintamo-nos sempre unidos um ao outro na terra na caridade de Cristo e Deus, e faça-nos o Deus bom e clemente coparticipantes do gozo celeste.

---

(2) 2 Coríntios 3, 5.
(3) Filipenses 4, 13.

13
Magdalen College
Oxford
19th November 1949

Dilectissime Pater,

Remitto ad te epistolam hodie acceptam in qua et oculos meos (jam admodum debiles) et parvam meam vestri vernaculi sermonis peritiam superavit chirographiae difficultas. Ne nomen quidem viri possum legere; sententiarum disjecta membra *modo intellexi! Hanc chartam (Sibyllinum librum!) tibi remitto ne auctor, vir procul dubio plenus caritate, credat me inhumaniter neglexisse. Si Anglice vel Latine manu scripserit aut si Italice dactylographica machina usus fuerit communicatio intra nos fieri poterit. Interea et scriptori et tibi mitto fraternas aut filiales salutationes illas praesertim quae ad hoc beatum tempus pertinent quo nos iterum Bethlehem petimus et Sanctum Infantem; quem oremus ut nos, aetate et longa consuetudine peccandi confectos novos*

13
MAGDALEN COLLEGE
OXFORD
19 DE NOVEMBRO DE 1949

Diletíssimo padre,

Envio-te de volta uma carta recebida hoje[1], cuja caligrafia me opôs maior dificuldade do que minha vista – já bastante debilitada – ou meu parvo entendimento de vosso vernáculo.. Não consigo nem mesmo ler o nome de quem assina; compreendi apenas elementos isolados das frases! Esta carta – livro sibilino! – mando-te de volta, para que seu autor, decerto um homem cheio de caridade, não pense que eu a tenha negligenciado desumanamente. Se escrever à mão em inglês ou em latim, ou se utilizar a máquina de escrever em italiano, poderemos comunicar-nos. Enquanto isso, envio a ti e ao redator minhas saudações fraternas ou filiais, especialmente aquelas que dizem respeito a esta época abençoada, em que novamente buscamos Belém e o Santo Menino; roguemos-lhe que, abatidos que estamos pela idade e pelo longo hábito de pecar, nos transforme em novos homens e nos guie

---

(1) Há uma entrada nos arquivos de Verona que registra uma carta enviada a Lewis em 12.11.49: «*Lettera di Don Paolo Arnaboldi inviata al Prof. Lewis su consiglio di Don Giovanni Calabria, 12.11.49*».

homines reddat et ducat in regnum suum ubi nisi sub specie infantis nullus introitus est. Gaudeo quia Dominus qui ceteras miserias nostras omnes suscepit non voluit senilitatem suscipere; in Uno Vero Homine aeterna juventus.

Valete et tu et ignotus ille scriptor.

C. S. LEWIS

até seu reino, onde ninguém consegue entrar senão com semblante de menino[2]. Alegro-me em que o Senhor, que levou todas as nossas outras misérias, não tenha querido levar também a velhice; no Único Homem Verdadeiro vive a eterna juventude.

Saudações a ti e àquele escritor desconhecido,

C. S. LEWIS

---

(2) Cf. Mateus 18, 3.

14
VERONA
17 DEC. '49

Dilectissime in Christo,

Gratia tibi et pax, quae exsuperat omnem sensum et ab Angelo nuntiata est Bethlem.

Proximae sunt celebritates Natalis D.N. JESU Ch. et ego, hic sedens coram Crucifixo, recogito fratres et amicos, quos divina Providentia invenire me fecit. Te recogito, dilectissime frater, quocum vinculo arcto et dulci me sentio conjunctum ex quo epistolis nos cognovimus.

Gratias et dona tibi invoco a Puero Jesu in hac sacra sollemnitate Natalis; omnia quae cor tuum optat concedat tibi Deus omnipotens de sua miseratione. Et tuis omnibus det pacem et salutem, gaudium de corde puro atque perfecto, amorem et dilectionem sui.

Infans Jesus, repositus in praesepio, mihi videtur oculis ac manibus adhuc parvulis dicere hominibus omnibus: «Venite ad me, omnes; volo ut omnes unum sint...» Annus Sanctus

14
Verona
17 de dezembro de 1949

Diletíssimo em Cristo,

Graça a ti e paz, a qual supera todo o entendimento e foi anunciada pelo anjo em Belém[1].

Aproximam-se as celebrações do Natal de N. S. Jesus Cristo, e eu, aqui sentado diante da Cruz, relembro os irmãos e amigos que a Divina Providência me levou a conhecer. Penso em ti, diletíssimo irmão, com quem me sinto unido num forte e doce vínculo desde quando nos conhecemos por correspondência.

Invoco para ti as graças e os dons do Menino Jesus nesta santa solenidade de Natal; conceda-te o Deus todo -poderoso, em sua misericórdia, tudo o que o teu coração deseja. Que Ele dê a todos os teus a paz, a salvação, a alegria de um coração puro e perfeito, o seu amor e o seu favor.

O Menino Jesus, repousando no presépio, parece-me dizer com os olhos e as mãos ainda pequeninas a todos os homens: «Vinde a mim todos, quero que todos sejam

---

(1) Cf. Filipenses 4, 7.

Jubilei maximi, in quem intramus, sit annus pacis in caritate et unitate cordium!

Oremus ad invicem, ut desiderium Christi adimpleatur quam primum; et omnes de christiana familia adlaboremus ut fratres «habitent in unum»; omnes in novitate vitae ambulemus, ita ut ceteros omnes, qui vel ob neglegentiam vel praejudicatasque opiniones aberrarunt, praelucenti exemplo vitae attrahamus ad ovile Christi, ad bonam frugem.

Haec animo meo recogito; haec vota mea, quae etiam tua sunt.

Vale, dilectissime frater; et pro me Deum exora.

CARTAS LATINAS

um...». Que o Ano Santo do Jubileu máximo, em que ora entramos, seja um ano de paz, caridade e unidade dos corações!

Oremos uns pelos outros, para que o desígnio de Cristo se cumpra o quanto antes; que todos nós da família cristã trabalhemos para que os irmãos «habitem na unidade»[2]; que todos levemos uma vida nova, de modo que todos os outros, que, seja por negligência, seja por opiniões preconcebidas, se desviaram do caminho, sejam atraídos pelo fúlgido exemplo de nossas vidas ao rebanho de Cristo e deem bons frutos.

Essas são as considerações que trago na alma e esses são os meus votos, que também são teus.

Saudações, diletíssimo irmão, e roga a Deus por mim.

---

(2) Salmo 133, 1.

15
Magdalen College
Oxford
13th September 1951

Dilectissime Pater,

Insolito gaudio affectus sum tua epistola et eo magis quod audivi te aegritudine laborare; interdum timui ne forte mortem obisses. Minime tamen cessavi ab orationibus pro te: neque enim debet illud Flumen Mortis dulce commercium caritatis et cogitationum abolere. Nunc gaudeo quia credo (quamquam taces de valetudine – noli contemnere corpus, Fratrem Asinum, ut dixit Sanctus Franciscus!) tibi iam bene aut saltem melius esse. Mitto ad te fabulam meam nuper Italice versam; in qua sane magis lusi quam laboravi. Fantasiae meae liberas remisi habenas haud tamen (spero) sine respectu ad aedificationem et meam et proximi. Nescio utrum hujusmodi nugis dilecteris; at si non tu, fortasse quidam juvenis aut puella ex bonis *tuis* liberis *amabit.*

15
MAGDALEN COLLEGE
OXFORD
13 DE SETEMBRO DE 1951

Diletíssimo padre,

Senti-me movido por uma alegria maior que de costume ao receber tua carta, especialmente porque ouvi dizer que estavas doente; por vezes temi que tivesses morrido. De forma alguma cessei de orar por ti: nem mesmo aquele Rio da Morte faria cessar nosso doce intercâmbio de caridade e meditações. Agora me alegro porque acredito – embora te cales em relação à tua saúde: «Não desprezes o corpo, irmão asno», como disse S. Francisco! – que já estás bem ou, ao menos, melhor.

Envio-te um conto meu recentemente traduzido para o italiano[1], em cuja composição mais brinquei do que trabalhei. Soltei as rédeas de minha imaginação, porém não sem atenção (espero eu) à edificação minha e do próximo. Não sei se te divertes com este tipo de trivialidade; se não tu, talvez algum rapaz ou moça entre os teus «bons filhos» o apreciará.

---

(1) Ao que parece, uma de suas histórias infantis.

Equidem post longam successionem modicorum morborum (quorum nomina Italica nescio) iam valeo. Quinquagesimum diem natalem sacerdotii tui gratulationibus, precibus, benedictionibus saluto. Vale. Oremus pro invicem semper in hoc mundo et in futuro.

C. S. LEWIS

CARTAS LATINAS

Quanto a mim, após uma longa sucessão de pequenos males cujos nomes desconheço em italiano, sinto-me melhor.

Saúdo o teu quinquagésimo aniversário de sacerdócio com felicitações, preces e bênçãos.

Saudações; oremos um pelo outro sempre, neste mundo e no próximo.

C. S. LEWIS

16
E COLLEGIO S. MARIAE MAGDALENAE APUD OXONIENSES DIE S. STEPHANI MCMLI (26TH DECEMBER 1951)

Dilectissime Pater,

Grato animo epistulam tuam hodie accepi et omnia bona spiritualia et temporalia tibi in Domino invoco. Mihi in praeterito anno accidit magnum gaudium quod quamquam difficile est verbis exprimere conabor.

Mirum est quod interdum credimus nos credere quae re vera ex corde non credimus. Diu credebam me credere in remissionem peccatorum. Ac subito (in die S. Marci) haec veritas in mente mea tam manifesto lumine apparuit ut perciperem me numquam antea (etiam post multas confessiones et absolutiones) toto corde hoc credidisse. Tantum distat inter intellectus meram affirmationem et illa fides medullitus infixa et quasi palpabilis quam apostolus scripsit esse substantiam.

Fortasse haec liberatio concessa est tuis pro me intercessionibus! Confortat me ad dicendum tibi quod vix debet

16
College of St. Mary Magdalen
Oxford
Dia de Santo Estêvão MCMLI
(26 de dezembro de 1951)

Diletíssimo padre,

Com satisfação recebi tua carta hoje e invoco sobre ti todos os bens espirituais e temporais no Senhor. Neste último ano, tive uma grande alegria que tentarei descrever, embora me seja difícil.

É incrível como às vezes cremos crer naquilo em que, na verdade, não cremos de coração. Por muito tempo acreditei que cria na remissão dos pecados, mas subitamente (no dia de S. Marcos) esta verdade apareceu em minha mente com uma clareza tão manifesta, que percebi nunca antes – mesmo depois de muitas confissões e absolvições – ter-lhe crido de todo o coração. Tal é a distância que se interpõe entre a mera afirmação do intelecto e aquela fé quase palpável que se impregna até aos ossos, a qual o apóstolo descreve como «substância»[1].

Talvez esta libertação me tenha sido concedida por tuas intercessões a meu favor! Isso me encoraja a dizer-te

---

(1) Cf. Hebreus 11, 1.

laicus ad sacerdotem, junior ad seniorem, dicere. (Attamen ex ore infantium: *immo olim ad Balaam ex ore asini!). Hoc est: multum scribis de tuis peccatis. Cave (liceat mihi, dilectissime pater, dicere* cave*) ne humilitas in anxietatem aut tristitiam transeat. Mandatum est* gaude *et* semper gaude. *Jesus abolevit chirographiam quae contra nos erat. Sursum corda! Indulge mihi, precor, has balbutiones.*

Semper in meis orationibus et es et eris.
Vale.

C. S. LEWIS

CARTAS LATINAS

o que um leigo não deveria dizer a um sacerdote, jovem ou experiente (e, no entanto, «da boca das crianças de peito»[2], ou ainda, a Balaão da boca do asno[3]!); quero dizer: escreves demais dos teus pecados. Cuida – permita-se, diletíssimo padre, que eu te diga «cuida» – que a tua humildade não se transforme em ansiedade e tristeza. Foi ordenado: «alegra-te» e «alegra-te sempre»[4]. Jesus aboliu a dívida que pesava sobre nós. Corações ao alto! Permite-me, eu te rogo, estes balbucios.

Sempre estás e estarás em minhas orações.

Saudações,

C. S. LEWIS

---

(2) Salmo 8, 3; Mateus 21, 16.
(3) Cf. Números 22, 28.
(4) Cf. Filipenses 4, 4.

17
Magdalen College
Oxford
14th April 1952

Pater dilectissime,

Multum eras et es in orationibus meis et grato animo litteras tuas accepi. Et ora tu pro me, nunc praesertim, dum me admodum orphanum esse sentio quia grandaevus meus confessor et carissimus pater in Christo nuper mortem obiit. Dum ad altare celebraret, subito, post acerrimum sed (Deo gratias) brevissimum dolorem, expiravit, et novissima verba erant venio, Domine Jesu. *Vir erat matura spirituali sapientia sed ingenuitate et innocentia fere puerili –* buono fanciullo, *ut ita dicam.*

Potesne, mi pater, quaestionem resolvere? Quis sanctorum scriptorum scripsit «Amor est ignis jugiter ardens»? Credidi haec verba esse in libro De Imitatione Christi *sed non possum ibi invenire.*

17
MAGDALEN COLLEGE
14 DE ABRIL DE 1952

Diletíssimo padre,

Estavas e ainda estás grandemente presente em minhas orações, e recebi com satisfação tuas cartas. Ora também tu por mim, sobretudo agora que me sinto particularmente órfão, havendo falecido há pouco meu velho confessor e caríssimo pai em Cristo[1]. Enquanto celebrava ao altar, depois de sentir uma dor aguda, porém brevíssima (graças a Deus), expirou subitamente, e suas últimas palavras foram: «Aqui vou, Senhor Jesus». Era um homem de sabedoria espiritual madura, mas de uma ingenuidade e inocência quase pueris – *un buon fanciullo*[2], por assim dizer.

Podes, meu padre, resolver uma questão? Quem dentre os santos autores escreveu: «*Amor est ignis jugiter ardens*»[3]? Creio que essas palavras constem num dos livros da *Imitação de Cristo*, mas não consigo encontrá-las ali.

---

(1) O confessor de C. S. Lewis era Walter Adams, sacerdote anglicano da Sociedade de São João Evangelista. Nascera em 1871 e morreu em 3 de março de 1952.

(2) «buono fanciullo»: «bom garoto».

(3) «O amor é um fogo que arde continuamente»: *Imitação de Cristo*, livro 4, cap. 4.

«Ut omnes unum sint» est petitio numquam in meis precibus praetermissa. Dum optabilis unitas doctrinae et ordinis abest, eo acrius conemur caritatis unionem tenere: quod, eheu, et vestri in Hispania et nostri in Hibernia Septentrionali non faciunt.

Vale, mi pater,

C. S. LEWIS

«Que todos sejam um»[4] é um pedido que nunca deixo de incluir em minhas preces. Embora seja desejável a unidade de doutrina e de ordem, esforcemo-nos ainda mais por manter a unidade na caridade: algo que nem os vossos na Espanha, nem os nossos na Irlanda do Norte, fazem.

Saudações, meu padre,

C. S. LEWIS

---

(4) João 17, 21.

18
E COLL. STAE MARIAE MAGDALENAE
JUL. XIV MCMLII

Gratias ago, dilectissime pater, et pro opusculis Congregationis vestrae et pro hac epistola Jul vii data. Hora nostra, ut dicis, gravis est: utrum gravis «prae omnibus humanae historiae» nescio. Sed semper malum quod proximum et gravissimum videtur esse; est enim, ut oculis, sic cordibus, sua «perspettiva». Si tamen nostra tempestas re vera pessima est, si revera Dies Illa nunc imminet, quid restat nisi ut gaudeamus quia redemptio nostra iam propior est et dicamus cum Sancto Joanne «Amen; cito venias, domine Iesu»? Interim sola securitas est ut Dies nos inveniat laborantes quemque in suo officio et praecipue (dissensionibus relictis) illud supremum mandatum ut invicem diligamus implentes. Oremus semper pro invicem.

Vale: et sit tecum et mecum pax illa quam nemo potest auferre.

C. S. LEWIS

18
COLLEGE OF ST. MARY MAGDALEN
14 DE JULHO DE 1952

Agradeço, diletíssimo padre, pelos livretos de vossa Congregação e por aquela carta datada do dia 7 de julho. Nossos tempos, como dizes, são difíceis: se são «os mais difíceis de toda a história humana», não sei. Mas sempre o mal que está mais próximo nos parece também o mais grave, pois os corações, assim como os olhos, também têm sua *«perspettiva»*. Se, no entanto, nossa tempestade for, de fato, a pior; se Aquele Dia[1], de fato, agora está próximo, que nos resta senão nos alegrarmos porque nossa redenção já se aproxima[2] e dizermos com S. João: «Amém; vem logo, Senhor Jesus»[3]? Enquanto isso, nossa única segurança é que esse Dia nos encontre trabalhando cada um em seu ofício e, principalmente, deixadas de lado as dissensões, cumprindo aquele supremo mandamento de amarmo-nos uns aos outros[4]. Oremos sempre um pelo outro.

Saudações: que aquela paz que ninguém nos pode tirar[5] seja contigo e comigo.

C. S. LEWIS

---

(1) Cf. Mateus 24, 36.
(2) Cf. Lucas 21, 28.
(3) Cf. Apocalipse 22, 20.
(4) Cf. João 13, 34.
(5) Cf. João 16, 22.

19
Collegium Stae Mariae Magdalenae
apud Oxonienses
Vig. fest. Trium Regum
MCMLIII
5 Jan. 1953

Dilectissme Pater,

Grato animo, ut semper, paternas tuas benedictiones accepi. Sit tibi, precor, suavissima gustatio omnium hujus temporis gaudiorum et inter curas et dolores consolatio. Tractatum Responsabilità *apud* Amicum *(Dec.) invenire nequeo. Latet aliquis error. Orationes tuas peto de opere quod nunc in manibus est dum conor componere libellum de precibus privatis in usum laicorum praesertim eorum qui nuper in fidem Christianam conversi sunt et longo stabilitoque habitu orandi adhuc carent. Laborem aggressus sum quia videbam multos quidem pulcherrimosque libros de hac re scriptos esse in usum religiosorum, paucos tamen qui tirones et adhuc (ut ita dicam) infantes in fide instruunt. Multas difficultates*

19

College of St. Mary Magdalen
Oxford
Vigília do Dia de Reis, 1953
5 de Janeiro de 1953

Diletíssimo padre,

Com satisfação, como sempre, recebi tuas bênçãos paternais. Rogo que possas provar todas as alegrias desta vida, bem como a consolação entre preocupações e dores. Não consigo encontrar o artigo «Responsabilità» na edição de dezembro de *Amico*. Deve haver algum erro. Peço tuas orações pelo trabalho que ora tenho em mãos; pretendo compor um livro sobre a oração privada para uso dos leigos, sobretudo daqueles que se tenham convertido de há pouco à fé cristã, a quem ainda falta o longo e consolidado hábito de rezar[1]. Iniciei esse trabalho porque percebi que havia realmente muitos e belíssimos livros escritos sobre essa matéria para uso de religiosos, porém poucos que instruíssem na fé os rapazes e até, por assim dizer, as crianças. Deparo-me com muitas

---

(1) Talvez se trate de uma versão anterior da obra, publicada postumamente, intitulada *Cartas a Malcolm*.

invenio nec certe scio utrum Dominus velit me hoc opus perficere an non. Ora, mi pater, ne aut nimia audacitate in re mihi non concessa persistam aut nimia timiditate a labore debito recedam: aeque enim damnati et ille qui Arcam sine mandato tetigit et ille qui manum semel aratro impositam abstrahit.

Et tu et congregatio tua in diurnis orationibus meis. Haec sola, dum in via sumus, conversatio: liceat nobis, precor, olim in Patria facie ad faciem congredi.

Vale.

C. S. LEWIS

Adhuc spero tractatum Responsabilità *accipere.*

CARTAS LATINAS

dificuldades e não sei ao certo se o Senhor quer que conclua esta obra ou não. Ora, meu padre, para que eu não persista com demasiada audácia em algo que não me é concedido, nem recue com demasiada timidez do trabalho devido; igualmente condenados, pois, são aquele que toca na Arca[2] sem permissão e aquele que tira a mão do arado depois de pegar-lhe[3].

Tanto tu quanto tua congregação estais em minhas orações diárias. Somente este é o nosso convívio enquanto estamos a caminho; rogo que se nos permita, um dia, encontrar-nos face a face na Pátria Celeste.

Saudações,

C. S. LEWIS

Ainda espero receber o artigo «Responsabilità».

---

(2) Cf. 1 Crônicas 13, 9.

(3) Cf. Lucas 9, 62.

20
E COLL. STAE MARIAE MAGDALENAE APUD OXONIENSES
JAN. VII MCMLIII

Tandem, pater dilectissime, venit in manus exemplar Amici *(Oct.) quod continet tractatum tuum de clade illa Serica. De illa natione quum ibi per multos annos evangelistae haud infeliciter laboravissent, equidem multa sperabam: nunc omnia retro fluere, ut scribis, manifestum est. Et mihi multa atrocia multi de illa re epistolis renuntiaverunt neque aberat ista miseria a cogitationibus et precibus nostris. Neque tamen sine peccatis nostris evenit: nos enim justitiam illam,*

20
COLLEGE OF ST. MARY MAGDALEN
OXFORD
7 DE JANEIRO DE 1953

Afinal, padre diletíssimo, chegou às minhas mãos a edição de outubro de *Amico*[1], que contém teu artigo sobre aquele massacre chinês. Daquela nação eu esperava grandes coisas, tendo ali trabalhado os evangelistas não sem frutos durante muitos anos: agora é manifesto que essa maré está a recuar, como escreves. Muitos já me haviam relatado em cartas as numerosas atrocidades relacionadas a essa situação, e tal desgraça não estava longe de nossos pensamentos e preces. Tampouco isso aconteceu sem pecado nosso, pois já deveríamos ter cumprido, de verdade e há muito tempo, aquela justiça e aquele

---

(1) O artigo «Responsabilità», do Pe. Manna (assinado S. P. Manna), figurou na edição de outubro de 1952 da revista *Amico*. Nele, o autor pede maior reconhecimento da gravidade da perseguição comunista aos cristãos (não apenas aos missionários, como também a profissionais da saúde) na China. Se um comunista (por exemplo, Jacques Declos) era preso no ocidente, o mundo comunista levantava-se em protesto. Não deveria haver menor revolta pelos missionários vitimizados.

Em sua resposta, Lewis menciona que também havia recebido cartas sobre o assunto. De 1927 a 1931, seu irmão, o major Warren Lewis, servira em postos do exército na China (Kowloon e Xangai). Lewis não o menciona, mas esse fato pode estar por trás da sua menção a «nossas» preces pela China que sofre.

curam illam pauperum quas (mendacissime) communistae praeferunt debueramus jam ante multa saecula re vera effecisse. Sed longe hoc aberat: nos occidentales Christum ore praedicavimus, factis Mammoni servitium tulimus. Magis culpabiles nos quam infideles: scientibus enim voluntatem Dei et non facientibus major poena. Nunc unicum refugium in contritione et oratione. Diu erravimus. In legendo Europae historiam, seriem exitiabilem bellorum, avaritiae, fratricidarum Christianorum a Christianis persecutionum, luxuriae, gulae, superbiae, quis discerneret rarissima Sancti Spiritus vestigia?

Oremus semper.
Vale.

C. S. LEWIS

CARTAS LATINAS

cuidado com os pobres que, mendacíssimamente, os comunistas propagam. Porém, longe disso, nós ocidentais pregávamos Cristo com a boca, mas com nossos atos servíamos a Mamon. Temos mais culpa nós do que os infiéis, pois maior é a pena dos que conhecem a vontade de Deus e não a fazem. Agora, nosso único refúgio é a contrição e a oração. Por muito tempo erramos. Ao ler a história da Europa – uma série fatal de guerras, avareza, perseguições fratricidas de cristãos por cristãos, luxúria, gula, soberba –, quem poderá discernir os raríssimos rastros do Espírito Santo?

Oremos sempre.

Saudações,

C. S. LEWIS

21
VERONA
(9TH JANUARY 1953 [?])

Siamo in giorni santi, i più santi auguri a Lei che [dalla] Div. Prov. [siamo uniti nel] vincolo [di una] completa carità fraterna. [La] ricordo [nelle] mie preghiere e sofferenze, perchè il Signore compia anche per la sua alta missione e per i doni che Gesù [Le] ha dato, it bene in quest'ora, per chiamare anime al Vangelo.

Il Signore La benedica, Le doni ogni bene anche ai suoi cari. Son certo della carità grande [delle] sue preghiere, ne ho grande bisogno per me e per l'Opera dei Poveri Servi, per fare fino in fondo la divina volonta. Ruit hora. *Che tutti quanti, terminato il tempo, possiamo trovarci nella [eterna] felicità.*

Non so se Le hanno mandato questo fascicolo con l'articolo del Rev. Padre Manna che tanto mi sta a cuore.

21[1]
VERONA
(9 DE JANEIRO DE 1953 [?])

Estamos em dias santos; os mais santos desejos a ti, estando nós unidos pela Divina Providência no vínculo de uma completa caridade fraterna. Lembro-me de ti em minhas orações e sofrimentos, para que o Senhor faça o bem nesta hora pela tua alta missão e pelos dons que Jesus te deu, para chamar almas ao Evangelho.

O Senhor te bendiga e te conceda todos os bens, a ti e aos teus caros. Estou certo da grande caridade de tuas orações; necessito muito delas por mim e pela Obra dos Pobres Servos, para fazer até o fim a vontade divina. *Ruit hora.* Que todos nós, terminado nosso tempo, nos possamos encontrar na eterna felicidade.

Não sei se te enviaram este fascículo com o artigo do Rev. Pe. Manna, que tanto me agradou.

---

(1) Esta carta sobrevive apenas como um rascunho a lápis em italiano, e o texto aqui reproduzido é aquele da transcrição datilografada de Verona.

22
E Coll. Stae Mariae Magdalenae apud Oxonienses
Jan. [Jun?] xiv LIII

Pater dilectissime,

Multo gaudio accepi epistolam tuam die ix Jan. [Jun. ?] datam: credo jampridem te meam accepisse quam de tractatu Responsabilità *scripsi. Et vides me per errorem putavisse te auctorem esse et Sac. P. Mannam esse id quod Galli vocant nomen plumae. At minime refert quum liber* De Imitatione *nos doceat «Attende quid dicatur, non quis dixerit».*

Multas ex corde gratias refero, quia tanta caritate ob libellum meum propositum meditare et orare voluisti. Sententiam tuam pro signo accipio.

Et nunc, carissime, audi de qua difficultate maxime haesito. Duo paradigmata orationis videntur nobis in Novo Testamento exposita esse quae inter se conciliare haud facile

22

College of St. Mary Magdalen
Oxford
14 de janeiro [junho?] de 1953[1]

Padre diletíssimo,

Recebi com muita alegria tua carta datada do dia 9 de janeiro *[jun. ?]*; creio que já tenhas recebido aquela que escrevi sobre o opúsculo «Responsabilità». Também vês que por erro pensei que eras o autor, e que «*Sac. P. Mannam*» era aquilo a que os franceses chamam um *nom de plume*. Mas isso não tem importância, já que a *Imitação* nos ensina: «Atende para o que se diz, e não para quem o diz».

Agradeço-te efusivamente e de coração por teres decidido, com tanta caridade, meditar meu libelo e rezar por ele. Tomo tua opinião como um bom sinal.

Agora, caríssimo, ouve com que dificuldade mais me debato. Dois gêneros de oração parecem propor-se-nos no Novo Testamento, os quais não são fáceis de conciliar entre si. Um é o gênero representado pela oração do

---

(1) A data aqui fornecida (14 de janeiro) baseia-se de novo na conjectura de que a abreviação no manuscrito de Lewis significa «janeiro», e não «junho», o que encontra respaldo na confirmação do recebimento, por Lewis, da carta de 9 de janeiro.

est. Alterum est ipsa Domini oratio in horto Gethsemane («si possibile est... nihilominus non quod ego volo sed quod tu vis»). Alterum vero apud Marc XI, v. 24 «Quidquid petieritis credentes quod accipietis, habebitis». (Et nota, loco quo versio latina accipietis *habet et nostra vernacula similiter futurum tempus* shall receive, *graecus textus tempus praeteritum* ἐλάβετε, *accepistis, id quod dificillimum est). Nunc quaestio: quomodo potest homo uno eodemque momento temporis et credere plenissime se accepturum et voluntati Dei fortasse negantis se submittere? Quomodo potest dicere simul «Credo firmiter te hoc daturum esse» et «si hoc negaveris, fiat voluntas tua». Quomodo potest unus actus mentis et possibilem negationem excludere et tractare? Rem a nullo doctorum tractatam invenio.*

Nota bene: nullam difficultatem mihi facit quod Deus interdum non vult facere ea quae fideles petunt. Necesse est quippe ille sapiens et nos stulti sed cur apud Marc. XI 24 pollicetur se omnia (quidquid) *facere quae plena fide petimus? Ambo loci Dominici, ambo inter credenda. Quid faciam? Vale. Et pro te et pro congregatione tua oro et semper orabo.*

C. S. LEWIS

CARTAS LATINAS

Senhor no Jardim do Getsêmani («Se possível for (…). Não obstante, não se faça o que eu quero, mas o que tu queres»[2]); outro é o que se vê em Mc 15, 24: «O que quer que peças crendo que o recebereis, tê-lo-eis». (Percebe como, no passo em que a versão latina traz *accipietis*, também nosso vernáculo traz, de forma semelhante, o tempo futuro *shall receive*, que no texto grego figura no tempo pretérito, ἐλάβετε, *accepistis*, o que é muito difícil). Agora a questão: como pode o mesmo homem, ao mesmo tempo, crer absolutamente que receberá e submeter-se à vontade de Deus, que talvez venha a negar-lhe? Como pode dizer, simultaneamente: «Creio firmemente que mo darás» e, «se mo negares, faça-se a tua vontade»? Como se pode, num só ato mental, excluir a possível negação e considerá-la? Não achei nenhum tratamento deste assunto entre os Doutores.

Atenta bem: que Deus às vezes não queira fazer o que os fiéis lhe pedem não me causa nenhuma perplexidade, pois é necessário que Ele seja sábio e nós, tolos; mas por que, em Mc 11, 24, Ele promete fazer tudo o que pedirmos com plena fé? Ambas são citações do Senhor, em ambas devemos crer. Que devo fazer?

Saudações. Por ti e pela tua congregação oro e sempre orarei,

C. S. LEWIS

---

(2) Mateus 26, 39; Marcos 14, 35.

23
Magdalen College
Oxford
Mart. Xvii MCMLIII

Dilectissime Pater,

Gavisus sum, ut semper, de epistola tua. Res mira est et corroboratio fidei duas animas loco, natione, lingua, oboedentia, aetate diversas sic in dulcem familiaritatem adductas esse; adeo ordo spirituum ordinem materialem superat. Reddit faciliorem illam necessariam doctrinam, nos arctissime conjungi et cum peccatore Adamo et cum justo Jesu quamquam (secundum carnem, tempus et locum) tam diversi ab ambobus viximus. Haec unitas totius humani generis extat: utinam extaret praestantior illa unio de quo scribis. Nullum diem sine oratione pro illo optato fine praetereo. Quae dicis de praesenti statu hominum vera sunt: immo deterior est quam dicis. Non enim Christi modo legem sed etiam legem Naturae Paganis cognitam negligunt. Nunc enim non erubescunt de adulterio, proditione, perjurio, furto, ceterisque

23
Magdalen College
Oxford
17 de março de 1953

Diletíssimo padre,

Alegrei-me, como sempre, com tua carta. É algo admirável e uma corroboração da fé que duas almas de lugares, nações, línguas, lealdades e idades diferentes assim se unam numa doce familiaridade; de tal maneira a ordem dos espíritos transcende a ordem material. Isso torna mais fácil aquela doutrina necessária de que estamos ligados intimamente ao pecador Adão e ao justo Jesus[1], embora (segundo a carne, o tempo e o lugar) vivamos tão distantes um do outro. Esta unidade de todo o gênero humano existe: oxalá existisse aquela mais prestante união de que escreves. Não passo um só dia sem orar por esse desejado fim.

Aquilo que dizes do presente estado dos homens é verdadeiro; de fato, é pior do que dizes, pois não somente a lei de Cristo, mas também a lei da natureza, conhecida dos pagãos, é transgredida. Com efeito, hoje não se envergonham do adultério, da traição, do perjúrio, do

---

(1) Cf. Atos dos Apóstolos 7, 52.

flagitiis quae non dico Christianos doctores, sed ipsi pagani et barbari reprobaverunt. Falluntur qui dicunt «Mundus iterum Paganus fit» Utinam fieret! Re vera in statum multo pejorem cadimus. Homo post-Christianus *non similis homini* pre-Christiano. *Tantum distant ut vidua a virgine: nihil commune est nisi absentia sponsi: sed magna differentia intra absentiam sponsi venturi et sponsi amissi!*

Adhuc laboro in libro de oratione. De hac quaestione quam tibi subjeci, omnes theologos interrogo: adhuc frustra.

Oremus semper pro invicem, mi pater.

Vale,

C. S. LEWIS

CARTAS LATINAS

furto e de outros atos vergonhosos que não somente os Doutores cristãos, mas também os próprios pagãos e bárbaros reprovavam. Engana-se quem diz: «O mundo torna-se pagão novamente». Quem dera assim fosse! Na verdade, caímos num estado muito pior. O homem pós-cristão não é semelhante ao homem pré-cristão. Tanto distam um do outro quanto a viúva da virgem: nada há em comum senão a ausência do esposo, mas é grande a diferença entre a ausência do esposo que vem e a do esposo perdido!

Ainda trabalho no livro de orações. Sobre a questão que te submeti, interrogo todos os teólogos: até agora em vão.

Oremos sempre um pelo outro, meu padre.

Saudações,

C. S. LEWIS

24
COLLEGIUM STAE MARIAE MAGDALENAE APUD OXONIENSES
AUG. X. MCMLIII

Dilectissime Pater,

Accepi litteras tuas V^{to} Augusti datas. Expecto cum gratiarum actione opuscula, specimen artis vestrae typographicae: quae tamen non videbo nisi post V hebdomadas quia pertransibo cras (si Deo placuerit) in Hiberniam; incunabula mea et dulcissimum refugium, quoad amoenitatem locorum et caeli temperiem quamquam rixis et odiis et saepe civilibus armis dissentientium religionum atrocissimam.

Ibi sane et vestri et nostri «ignorant quo spiritu ducantur»: carentiam caritatis pro zelo accipiunt et reciprocam ignorantiam pro orthodoxia.

Puto fere omnia facinora quae invicem perpetraverunt Christiani ex illo evenerunt quod religio miscetur cum re politica. Diabolus enim supra omnes ceteras humanas vitae partes rem politicam sibi quasi propriam – quasi arcem suae potestatis – vindicat.

24
COLLEGE OF ST. MARY MAGDALEN
OXFORD
10 DE AGOSTO DE 1953

Diletíssimo padre,

Recebi tua carta datada do dia 5 de agosto. Espero com gratidão os panfletos – um exemplar da vossa técnica tipográfica –, os quais, porém, só verei daqui a cinco semanas, porque viajo amanhã (se Deus quiser) para a Irlanda, minha terra natal e refúgio favorito no tocante à amenidade das paisagens e ao clima temperado, ainda que atroz pelas rivalidades, ódios e frequentes guerras civis entre religiões discordantes.

Ali decerto tanto os vossos quanto os nossos «ignoram por que espírito são conduzidos»[1]: tomam a falta de caridade por zelo e a ignorância recíproca, por ortodoxia.

Penso que quase todos os crimes que os cristãos perpetraram uns contra os outros originaram-se da mistura de religião com política; o diabo, pois, acima de todas as outras partes da vida humana, reclama para si a política como se fosse sua – quase como a cidadela da sua potestade.

---

(1) Cf. Lucas 9, 55.

Nos tamen pro viribus (sc. quisque) suis mutuis orationibus incessanter laboremus pro caritate quae «multitudinem peccatorum tegit».

Vale, sodes et pater.

C. S. LEWIS

CARTAS LATINAS

Quanto a nós, porém, laboremos incessantemente, cada qual segundo suas forças, em oração mútua por aquela caridade que «cobre uma multidão de pecados»[2].

Saudações, companheiro e pai,

C. S. LEWIS

---

(2) 1 Pedro 4, 8.

25
VERONA
3 SETTEMBRE 1953

Dilectissime in Christo,

Gratia et pax multiplicentur tibi tuisque.
His diebus ego, una cum multis fratribus huius Congregationis Pauperum Servorum div. Providentiae, exercitiis spiritualibus vaco; sunt enim Exercitia ad reformandos mores, ad perfectionem adipiscendam, ad vitam religiosam renovandam. In silentio et in meditatione aeternarum veritatum, audio vocem Dei, quae ad majorem caritatem cor nostrum excitat. Ora, frater dilectissime, ut non in vacuum gratiam Dei recipiam; sed in timore et gaudio gratiam Dei recipiam et superlucrari valeam.

Dum autem Deo attendo et animae meae, te recogito peculiarissimo modo his diebus gratiae et veritatis; tua verba praesertim – quae mihi scripsisti – meditor in corde meo; ignorant quo spiritu ducantur... carentiam caritatis pro zelo

25
VERONA
3 DE SETEMBRO DE 1953

Diletíssimo em Cristo,

A graça e a paz se multipliquem para ti e para os teus.

Por estes dias eu, juntamente com muitos irmãos desta Congregação dos Pobres Servos da Divina Providência, dedicarei tempo livre à prática de exercícios espirituais; trata-se de exercícios para a reforma dos costumes, para a aquisição da perfeição e para a renovação da vida religiosa. No silêncio e na meditação das verdades eternas, ouço a voz de Deus, que exorta nosso coração a uma maior caridade. Ora, irmão diletíssimo, para que eu não receba a graça de Deus em vão, mas a receba em temor e gozo, e seja capaz de ganhar mais[1] graça.

Enquanto atento para Deus e para a minha alma, penso em ti de um modo muito peculiar nestes dias de graça e de verdade; sobretudo, medito em meu coração as palavras que me escreveste: «ignoram por que espírito são conduzidos, (...) tomam a falta de caridade por

---

(1) «Ganhar mais»: *superlucrari*. Compare-se a parábola dos talentos: «*ecce alia quinque superlucratus sum*», «eis que ganhei outros cinco a mais» (Mateus 25, 20).

accipiunt... Verba haec tibi Spiritus dictavit; altam consonantiam inducunt in aure et corde meo. Vere Dominus speciali praedilectione te afficit; vere Dominus habet aliquid quod tibi committat pro gravitate horae nostrae, ut adlaboraveris pro bono fratrum, pro gloria Dei et Christi, pro *renovatione animarum in caritate. Te beatum dico et dicam! quod Deus te uti vult ad Sua opera explenda.*

Nunc, a te quoddam donum exopto, semper relatum ad horam actualem, quae ruit, et urget: velim ut tu, pro tua in me dilectione, scribere digneris quod cogitas de statu morali nostri temporis, quid tibi videtur de causa et origine difficultatum, de divisione hominum inter se, anxietatibus pro mundi salute... etc. quae tibi Dominus inspiraverit. Velim ut remedia salutaria indices, prout tibi opportuna videntur ad mala reparanda et tollenda, ad animos renovandos, ad unitatem cordium in caritate provehendam... Ut uno verbo dicam: quid de re quae ad Religionem spectat tibi videtur, et quid cogitas faciendum: hoc desidero.

Nimium peto? veniam mihi praebe; est magnae dilectionis ad invicem, est bonitatis tuae erga me, si tantum peto. Ut ex nunc tibi gratias ago.

Providentia divina nos adstringit suavibus vinculis caritatis, etsi de praesentia nunquam nos cognovimus. Sed in caritate, in oratione pro invicem nos cognoscimus bene, optime. In coelo apud Deum nos videbimus, de miseratione Domini, qui redemit nos.

CARTAS LATINAS 119

zelo...». Foi o Espírito que te ditou essas palavras; ressoam com grande harmonia em meus ouvidos e meu coração. Verdadeiramente, o Senhor demonstra uma predileção especial por ti; decerto tem algo a te comissionar devido à gravidade de nosso tempo, para que trabalhes para o bem dos irmãos, para a glória de Deus e de Cristo e pela renovação das almas na caridade. Chamo-te abençoado e sempre chamarei, porque Deus quer usar-te para realizar sua obra!

Agora eu desejaria pedir-te um presente, sempre relacionado ao momento atual, que corre e urge: gostaria que, pelo teu amor por mim, te dignasses escrever o que pensas do estado moral de nosso tempo, o que te parece da causa e origem de nossas dificuldades, da divisão entre os homens, da ânsia pela salvação do mundo, etc. – o que quer que o Senhor te inspire. Gostaria que indicasses remédios salutares, conforme te pareçam adequados à reparação e eliminação de males, à renovação dos ânimos, à promoção da unidade dos corações na caridade... Resumindo: quais são as tuas opiniões no que toca à religião e o que julgas que deve ser feito; é isto o que desejo.

Peço demais? Perdoa-me o excesso; se peço tanto, é por causa de nosso grande amor um pelo outro e de tua bondade para comigo. Agradeço-te desde já.

A Providência divina nos une com os doces laços da caridade, ainda que pessoalmente nunca nos tenhamos conhecido. Mas em caridade e na oração mútua conhecemo-nos bem, otimamente. No céu, na presença de Deus, nos veremos, pela misericórdia do Senhor, que nos redimiu.

Vale, et etiam pro me ora Deum ut in curriculo vitae gratiam Dei lucri faciam. Ego semper pro te oro ut omne desiderium tuum adimpleatur in pace et prosperitate quae est a Domino.

IN C. J. SAC. J. CALABRIA

Saudações, e continua a rogar a Deus por mim, para que na trajetória da vida eu ganhe a graça de Deus. Eu sempre rezo por ti, para que todo o desejo teu se realize em paz e na prosperidade que provém do Senhor.

NO SAC. C. J. J. CALABRIA

26
MAGDALEN COLLEGE
OXFORD
XV SEPT. MCMLIII

Pater dilectissime,

Gratias ago pro epistola tua, data iii Sept., necnon pro exemplari libri cui nomen Instaurare Omnia in Christo.

De statu morali nostri temporis (cum me jusseris garrire) haec sentio. Seniores, ut nos ambo sumus, semper sunt lau-datores temporis acti, *semper cogitant mundum pejorem esse quam fuerit in suis juvenilibus annis. Ergo cavendum est ne fallamur. Hoc tamen proposito, certe sentio gravissima pericula nobis incumbere. Haec eveniunt quia maxima pars*

26
Magdalen College
Oxford
15 de setembro de 1953

Padre diletíssimo,

Agradeço por tua carta datada do dia 3 de setembro, como também pelo exemplar do livro chamado *Restaurar todas as coisas em Cristo*.

Do estado moral do nosso tempo – já que me mandaste tagarelar – penso o que se segue. Os mais velhos, como nós dois, estão sempre a «louvar o tempo passado»[1], sempre acham que o mundo está pior do que era nos seus anos de juventude. Portanto, temos de tomar cuidado para não nos enganarmos. Com essa ressalva em mente, porém, acredito certamente que graves perigos nos ameaçam. Isto acontece porque a maior parte

---

(1) Cf. Horácio, *Ars poetica* 173-4: «*Difficilis, querulus, laudator temporis acti/ Se puero*» («De difícil temperamento, um resmungão com a hábito de louvar o passado/ quando era menino»).

Europae apostasiam fecit de fide Christiana. Hinc status pejor quam illum statum quem habuimus ante fidem receptam. Nemo enim ex Christianismo redit in statum quem habuit ante Christianismum, sed in pejorem: tantum distat inter paganum et apostatam quantum innuptam et adulteram. Nam fides perficit naturam sed fides amissa corrumpit naturam. Ergo plerique homines nostri temporis amiserunt non modo lumen supernaturale sed etiam lumen illud naturale quod pagani habuerunt.

Sed Deus qui Deus misericordiarum est etiam nunc non omnino demisit genus humanum. In junioribus licet videamus multam crudelitatem et libidinem, nonne simul videmus plurimas virtutum scintillas quibus fortasse nostra generatio caruit. Quantam fortitudinem, quantam curam de pauperibus aspicimus! Non desperandum. Et haud spernendus numerus (apud nos) iam redeunt in fidem.

Haec de statu praesenti: de remediis difficilior quaestio. Equidem credo laborandum esse non modo in evangelizando (hoc certe) sed etiam in quadam praeparatione evangelica. Necesse est multos ad legem naturalem revocare antequam de Deo loquamur. Christus enim promittit remissionem peccatorum: sed quid hoc ad eos qui, quum legem naturalem ignorent, nesciunt se peccavisse. Quis medicamentum accipiet nisi se morbo teneri sciat? Relativismus moralis hostis est quem debemus vincere antequam Atheismum aggrediamur.

CARTAS LATINAS 125

da Europa apostatou da fé cristã; daí o estado pior do que aquele em que estávamos antes de receber a fé. Porque ninguém volta do cristianismo ao seu estado anterior ao cristianismo, mas reverte a um pior: um pagão difere de um apóstata tanto quanto uma moça inupta, de uma adúltera; a fé, pois, aperfeiçoa a natureza, mas a fé perdida a corrompe. Por isso, a maior parte dos homens de nosso tempo não perdeu apenas a luz sobrenatural, mas também aquela luz natural que os pagãos possuíam.

Mas Deus, que é o Deus das misericórdias, mesmo agora não abandonou completamente o gênero humano. Ainda que vejamos muita crueldade e luxúria entre os mais jovens, não os vemos também dotados de muitas centelhas das virtudes que talvez tenham faltado à nossa geração? Quanta coragem, quanto cuidado com os pobres presenciamos! Não nos devemos desesperar; não é desprezível o número daqueles (dentre nós) que retornam à fé.

Essas coisas tenho que dizer sobre a situação atual; quanto à sua solução, a questão é mais difícil. Pessoalmente, creio que devemos trabalhar não somente na evangelização, decerto necessária, mas também na preparação ao Evangelho. É preciso chamar muitos de volta à lei natural antes que lhes falemos de Deus. Porque Cristo promete a remissão dos pecados, mas que isso significa para aqueles que, ignorando a lei natural, ignoram que pecaram? Quem tomará remédio, se não souber que sofre de uma doença? O relativismo moral é o inimigo que devemos vencer antes de nos atracarmos com o ateísmo. Eu até ousaria dizer: «Façamos

Fere auserim dicere «Primo faciamus juniores bonos Paganos et postea faciamus Christianos». Deliramenta haec? Sed habes quod petisti. Semper et tu et congregatio tua in orationibus meis.

Vale,

C. S. LEWIS

CARTAS LATINAS

primeiro dos jovens bons pagãos, e depois os faremos cristãos»[2].

Seria isso tudo um delírio? Mas tens aí o que pediste. Tu e tua congregação estão sempre em minhas orações.

Saudações,

C. S. LEWIS

---

(2) A necessidade de preservar ou restaurar a natureza humana como algo que hoje se encontra sob ameaça constitui o tema central do livro de Lewis intitulado *A abolição do homem*.

27
Magdalen College
Oxford
Dec. 5º 1954

Heus, pater dilectissime, quantum inter nos silentium! Magnopere mihi cordi erit si iterum de te et rebus tuis rescripseris. Mihi quidem mox migrandum est ex Oxonia in Cantabrigiam in qua universitate electus sum Professor Anglarum Literarum Medii Aevi et Renascentiae. Coelestem patronam tamen non mutabo, nam apud Cantabrigienses adscribor Collegio Stae. M. Magdalenae. Orthographia vero discrepant (Oxonienses Magdalen, *Cantabrigienses vero* Magdalene *scribunt) sed idem sonant, i.e.* Modlin. *Fides Christiana, ut puto, magis valet apud Cantabrigienses quam apud nostros; communistae rariores sunt et pestiferi philosophi quos logicales positivistos vocamus haud aeque pollunt.*

Sed tu quid agis? Valesne adhuc? Scito saltem me semper pro te orare, et nunc praesertim dum nos paramus ad suavissimum festum Sanctae Nativitatis. Congaudeamus, mi

27
Magdalen College
Oxford
5 de dezembro de 1954[1]

Céus, padre diletíssimo, quanto silêncio entre nós! Ser-me-á um grande prazer se novamente me escreveres de ti e dos teus afazeres. Estou para me transferir de Oxford a Cambridge, universidade em que fui eleito Professor de Literatura Inglesa Medieval e Renascentista. Não mudarei, porém, de padroeira celeste, visto que, em Cambridge, me inscreverei no College of St. Mary Magdalene; embora as ortografias discrepem – em Oxford se escreve «Magdalen» e em Cambridge, «Magdalene» –, pronunciam-se do mesmo modo: i. e., *Modlin*. Creio que a fé cristã esteja em melhor forma em Cambridge do que entre os nossos; ali os comunistas são mais raros e os pestíferos filósofos a que chamamos «positivistas lógicos» não têm a mesma influência.

Mas tu, que fazes? Ainda estás bem? Sabe que eu, pelo menos, sempre rezo por ti, e especialmente agora, que nos preparamos para a dulcíssima festa da Santa Natividade.

---

(1) Sem o conhecimento de Lewis, esta carta foi escrita um dia depois da morte de Pe. Calábria. O sacerdote morreu em Verona no dia 4 de dezembro de 1954.

pater, quamvis loco divisi, spiritu tamen et caritate uniti, et ora semper pro

C. S. LEWIS

Alegremo-nos juntamente, meu padre, embora separados pelo espaço – unidos, porém, no espírito e na caridade –, e ora sempre por

C. S. LEWIS

Cartas latinas entre C. S. Lewis
E
PE. LUIGI PEDROLLO
(1954-1961)

*Depois da morte de Pe. João Calábria, C. S. Lewis
continuou a corresponder-se com Pe. Luigi Pedrollo,
distinto membro da congregação de Verona.*

28
Magdalen College
Oxford
Dec. xvi MCMLIV

Reverende Pater,

Doleo et vobis condoleo de obitu dilectissimi amici. Ille quidem ex aerumnis hujus saeculi, quas gravissime sentire solebat in patriam feliciter migravit; vobis procul dubio acerbus luctus. Gratias ago pro photographia quam mittendo bene fecisti. Aspectus viri talis est qualem auguratus sum; senilis gravitas bene mixta et composita cum quadum juvenili alacritate. Semper et ipsius et congregationis vestrae memoriam in orationes habebo; et vos idem pro me facturos spero.
Vale,

C. S. LEWIS

28[1]
MAGDALEN COLLEGE
OXFORD
16 DE DEZEMBRO DE 1954

Reverendo padre,

Lamento e condoo-me convosco pelo óbito de um diletíssimo amigo. Na verdade, das agruras deste mundo, que costumava sentir de forma tão pungente, ele passou com alegria para a pátria celeste, ainda que com acerbo luto para vós. Agradeço a fotografia, a qual fizeste bem em mandar-me. A aparência do homem é tal qual eu a imaginava; a seriedade da idade avançada mistura-se e compõe-se bem com certa vivacidade juvenil. Sempre manterei a lembrança dele e da vossa congregação em minhas orações, e espero que façais o mesmo por mim.
Saudações,

C. S. LEWIS

---

(1) Esta carta, ou parte dela, também sobrevive em italiano. Evidentemente, a Congregação de Verona informou Lewis da morte de seu fundador algum tempo depois de receber a carta de 5 de dezembro de 1954. Ao fazê-lo, incluíram uma fotografia de Pe. Calábria e provocaram este reconhecimento da parte de Lewis.

29
MAGDALENE COLLEGE
CAMBRIDGE
JAN. 19 1959

Bene fecisti, reverende pater, mittendo mihi pulcherrimum librum de carissimi Patris Joanni vita. Gratias ago. Spero me ex lectione hujus libri certiorem fieri de multis quae adhuc latebant; saepe enim vir me sanctus in suis epistolis insinuabat se nescioquo secreto dolore laborare, occultis Dei consiliis qui flagellat omnem filium quem accipit.

29
Magdalene College
Cambridge
19 de janeiro de 1959

Fizeste bem, reverendo padre, em enviar-me este belíssimo livro da vida do caríssimo Padre João. Agradeço--te. Com esta leitura, espero informar-me melhor sobre muitas coisas que ainda não me eram conhecidas; muitas vezes, pois, aquele homem santo dava a entender em suas cartas que sofria de alguma dor secreta, nos desígnios ocultos de Deus, que flagela todo aquele que adota como filho[1].

---

(1) A primeira edição da biografia de Pe. João, *Don Giovanni Calabria, Servo di Dio* (Otto Foffano), teve prefácio assinado pelo Pe. Luigi Pedrolla em Verona. Não há nada, na carta de C. S. Lewis a Verona de 6 de janeiro de 1961, que demonstre haver-se resolvido aquilo que ele via como obscuridades na vida do sacerdote. Em confirmação, porém, veem-se algumas passagens que falam de tempos de angústia e de um senso de deslocamento quando a fé parecia perdida, nenhuma boa ação realizada e a oração, exceto para expiação, impossível.

Após uma enfermidade muito sofrida, Pe. Calábria morreu em paz, concedendo, como um de seus atos derradeiros, a bênção ao seu médico (e à família de seu médico, até a terceira e quarta geração). Cf. também *Il servo di Dio, Don Giovanni Calabria*, de Elviro Dall'Ora (Verona, 1979) e *Ricordo di Don Luigi Pedrollo, primo successore di Don Calabria* (Verona, 1987).

Feliciter evenit ad te ut scribam hac hebdomade qua omnes qui profitentur fidem Christi tenentur orationes facere pro redintegratione Ecclesiae nunc, eheu, laceratae et divisae.

Vale,

C. S. LEWIS

CARTAS LATINAS

Felizmente ocorreu que eu te escrevesse nesta semana, em que todos os que professam a fé em Cristo têm o dever de rezar pela reunião da Igreja, agora tão dividida e, ah, tão lacerada!

Saudações,

C. S. LEWIS

30
COLLEGIUM STAE MARIAE MAGDALENAE
APUD
CANTABRIGIENSES
XXVIII MART. 1959

Reverendissime Pater,

Grato animo te tuosque [saluto] hoc die solemni et severo quo Dominus noster animabus incarceratis praedicavit salutem. Ego meique valemus. Nunc scribo libellum De IV Amoribus i.e. *Graece* Storgé, Philia, Eros, Agapé – *quibus vocabulis utor quia Latina nomina desunt. Ora pro me ut Deus mihi concedat aut salutaria aut saltem haud nocitura dicere. Nam «periculosae plenum opus aleae» ut Flaccus scripsit. Casa vestra semper in orationibus meis.*
Valete in Salvatore nostro.

C. S. LEWIS

30
College of St. Mary Magdalene
Cambridge
Sábado de Aleluia, 28 de março de 1959

Reverendíssimo padre,

Com satisfação saúdo a ti e aos teus neste dia solene e sério em que Nosso Senhor foi pregar a salvação às almas encarceradas[1]. Eu e os meus estamos bem.

No momento, escrevo um opúsculo sobre *Os quatro amores* – isto é, em grego, *storgé, philia, eros* e *ágape*, termos que uso por não haver equivalentes seus em latim[2].

Ora por mim a Deus, para que me conceda dizer o que leva à salvação, ou pelo menos o que não faça nenhum mal; afinal, «o trabalho é cheio de perigoso acaso», como escreveu Flaco[3].

Vossa casa está sempre em minhas orações.

Saudações no nosso Salvador,

C. S. LEWIS

---

(1) Cf. 1 Pedro 3, 19.

(2) *Os quatro amores* foi publicado em 1960.

(3) Trata-se de Horácio. Cf. *Odes* 2.1.6, em que Horácio avisa seu amigo Polião de que, ao escrever a história de acontecimentos críticos em que ele, Polião, estivera envolvido, dava início a um trabalho «cheio de perigoso acaso»: *«periculosae plenum opus aleae».*

31

E Collegio Stae Mariae Magdalenae apud Cantabrigienses xv Dec. mcmlix

Reverende Pater,

Gratias cordialiter ago pro benevolis tuis litteris. Scito domum vestram quotidie in orationibus meis nominari. Et tu orationibus pro nobis insta. Nunc enim, post biennium remissionis redit uxoris meae letalis morbus. Placeat Domino, ut quodcunque de corpore voluerit, integri maneant animi amborum; ut fides intacta nos corroboret, contritio emolliat, pax laetificet.

Et hoc usque ad nunc fit; neque faciliter crederes quanta gaudia inter medias aerumnas nonnumquam sentiamus.

31[1]
COLLEGE OF ST. MARY MAGDALENE
CAMBRIDGE
15 DE DEZEMBRO DE 1959

Reverendo padre,

Agradeço-te cordialmente por tua gentil carta. Sabe que vossa casa é lembrada cotidianamente em minhas orações. Também tu roga por nós em oração, pois agora, depois de dois anos de remissão, retornou a doença letal de minha esposa. Queira Deus que, o que quer que decida acerca do corpo, permaneçam íntegras as mentes de ambos; que a fé intacta nos fortaleça, a contrição nos console e a paz nos alegre.

Até agora, é isso o que acontece; dificilmente crerias quantas alegrias experimentamos e com quanta frequên-

---

(1) Deste momento em diante, as cartas de Lewis tornam-se cada vez mais sérias, embora nunca sem fé e a expressão da fé. É já sabido como, após imposição de mãos em 21 de março de 1957, sua esposa Joy experimentou algum alívio e recuperou-se do câncer e como, após um intervalo de cerca de três anos, o câncer acabou por retornar, provando-se fatal. Pelo teor desta carta, parece que, nalguma carta anterior ainda não localizada ou definitivamente perdida, Lewis deve ter contado aos padres de Verona sobre a doença de Joy e sua incrível recuperação. Agora ele lhes relata o retorno do câncer. Corajosamente, acrescenta que até na tristeza ele e sua esposa experimentam alegrias e a verdade da bem-aventurança: «*Beati qui lugent quoniam ipsi consolabuntur*», «bem-aventurados os que se lamentam, porque serão consolados» (Mateus 5, 5).

Quid mirum? Nonne consolationem lugentibus pollicitus est?

Vale.

C. S. LEWIS

cia em meio às tribulações. E por que nos espantamos? Não foi prometida a consolação aos que se lamentam?

Saudações,

C. S. LEWIS

32
QUASI E COLLEGIO STAE MARIAE MAGDALENAE APUD CANTABRIGIENSES PASCHA 1960

Reverende Pater,

Gratias ago pro benevolis litteris vestris. Gaudeo me locum adhuc tenere in memoria vestra; et vos et vestri quotidie in orationibus estis. Equidem hoc tempore in magna aerumna sum. Nihilominus sursum corda: Christus enim resurrexit.
Vale.

C. S. LEWIS

32
COLLEGE OF ST. MARY MAGDALENE
CAMBRIDGE
PÁSCOA DE 1960

*R*everendo padre,

Agradeço vossa gentil carta. Alegro-me de ainda encontrar lugar em vossa memória; tanto vós quanto os vossos estais todos os dias em minhas orações. Quanto a mim, enfrento uma grande tribulação neste momento. Não obstante, corações ao alto, pois Cristo ressuscitou.

Saudações,

C. S. LEWIS

33
COLLEGIUM STAE MARIAE MAGDALENENSIS APUD CANTABRIGIENSES ANGLIA
III JAN. MCMLXI

Gratias tibi ago, mi pater, pro amicabili epistola et te tuosque in his beatissimis festis saluto.

Vellem me posse ad te mittere exemplaria epistolarum quas scripsit Ven. Pater D. Ioannes Calabria. Sed neque ipsas epistolas neque exemplaria habeo. Moris est mei omnes epistolas post biduum ignibus dare. Non, mi crede, quia nullo pretio Illas aestimo; immo quia res saepe sacro dignas silentio posteris legendas relinquere nolo. Nunc enim curiosi scrutatores omnia nostra effodiunt et veneno publicitatis (ut rem barbaram verbo barbaro nominem) aspergunt. Quod fieri minime vellem de Patris Joannis epistolis. Admirabilis ille vir aliis mitissimus idemque sibi severissimus vel saevissimus, humilitate et quadam sancta imprudentia multa scripsit quae tacenda puto. Hanc meam apologiam velim curialibus verbis Patri Mondrone patefacias.

33
COLLEGE OF ST. MARY MAGDALENE
CAMBRIDGE
INGLATERRA
3 DE JANEIRO DE 1961

Agradeço-te, meu padre, a simpática carta e saúdo a ti e aos teus neste abençoado tempo festivo.

Gostaria de poder enviar-te cópias das cartas que o Venerável Pe. João Calábria escreveu, mas não tenho comigo nem as próprias cartas, nem cópias delas. Tenho o costume de lançar ao fogo todas as cartas depois de dois dias. E isso não – acredita-me – porque não lhes tenha nenhuma estima; pelo contrário, faço-o por não querer deixar que coisas muitas vezes dignas de um silêncio sagrado sejam lidas pela posteridade. Hoje, pesquisadores curiosos reviram tudo o que produzimos e aspergem-no com o veneno da publicidade (como coisa bárbara, dou-lhe um nome verdadeiramente bárbaro), algo que eu não gostaria que acontecesse, de forma alguma, às cartas do Pe. João. Aquele homem admirável, lenientíssimo para com os outros e, ao mesmo tempo, extremamente severo – quiçá cruel – consigo mesmo, escreveu muitas coisas, com humildade e certo grau de santa imprudência, que julgo não deverem ser publicadas. Gostaria que educadamente levasses esta minha explicação ao Pe. Mondrone.

Multo gaudemus de recenti colloquio inter Sanctum Patrem et nostrum Archiepiscopum. Dominus corroboret bonum omen.

Uxor mea mense Jul. mortem obiit. Pro illa et me orationes reduplica. Tu et domus tua semper in meis sunt.

Vale.

C. S. LEWIS

CARTAS LATINAS

Ficamos muito contentes com o recente colóquio entre o Santo Padre e o nosso arcebispo. O Senhor confirme esse bom sinal.

Minha esposa faleceu no mês de julho. Reduplica tuas orações por mim e por ela; tu e tua casa estão sempre nas minhas.

Saudações,

C. S. LEWIS

34
COLLEGIUM STAE MARIAE MAGDALENAE
APUD CANTABRIGIENSES
VIII APR. MCMLXI SALV. NOSTRAE

Dilecte Pater,

Grato animo accepi litteras vestras. Dies festos, eheu, equidem in lectulo degi, febre laborans; nunc admodum sanatus, Deo gratias, salutationes vestras reddo et vota pro vobis et domo vestra facio.

Scio vos preces effundere et pro desideratissima uxore mea et pro me qui jam orbatus et quasi dimidiatus solus hanc vallem lacrimarum peragro.

Valete,

C. S. LEWIS

34
COLLEGE OF ST. MARY MAGDALENE
CAMBRIDGE
8 DE ABRIL DO ANO DE NOSSA SALVAÇÃO DE
1961

Estimado padre,

Recebi com satisfação vossa carta. De minha parte – ai de mim! –, passei os dias de festa de cama, sofrendo de febre. Estando agora um pouco melhor, graças a Deus, respondo vossas saudações e expresso meus desejos por vós e vossa casa.

Sei que derramais preces por minha esposa, que tanta falta me faz, e por mim, que já viúvo e como que dividido ao meio peregrino sozinho por este vale de lágrimas[1].

Saudações,

C. S. LEWIS

---

(1) Viúvo e «como que dividido ao meio», Lewis continua sua jornada. Morreu em Oxford, uma semana antes de seu sexagésimo sexto aniversário, em 22 de novembro de 1963.

Agradecimentos do organizador

Reconheço com gratidão a grande ajuda que recebi de alguns colegas, sobretudo da Dra. Barbara Reynolds, que foi a primeira a contar-me da existência destas cartas e que obteve tanto as fotocópias quanto a permissão para que eu as traduzisse. Com isso, agradeço também a gentileza da Marion E. Wade Collection e do Wheaton College. O arquivista de Verona e os membros da Congregação do pe. Calábria não foram menos gentis, em especial ao permitirem-me utilizar as cartas que se encontravam em sua posse, contanto que o fizesse no espírito de pe. Calábria.

Devo muito ao professor Wiseman, da Exeter University, que a pedido dos curadores revisou o manuscrito e o rascunho de minha tradução inglesa, oferecendo correções e sugestões substanciais.

Sinto-me grato por haver também consultado o sr. J. E. T. Brown, o sr. Walter Hooper, a srta. Nan Dunbar, a sra. Teresa Multon e, em igual importância, o sr. David Hunt.

Acima de tudo, o sr. Colin Hardie deu-me ajuda constante e inestimável ao longo de todo o processo.

É minha a responsabilidade por quaisquer erros ou defeitos de estilo que tenham permanecido. Há diversos pontos obscuros nos manuscritos e em sua cronologia que o tempo talvez venha a esclarecer.

Por fim, gostaria de expressar meus agradecimentos à srta. Sadler por seu infatigável trabalho na digitação e organização tanto do texto como de sua tradução.

ESTE LIVRO ACABOU DE SE IMPRIMIR
A 11 DE AGOSTO DE 2020.